Ensayo

Enrique Florescano (1937-2023) fue un historiador mexicano, doctor en historia por la École Pratique des Hautes Études de la Universidad de París e investigador emérito del Sistema Nacional de Investigadores. En la Secretaría de Cultura fue director de las colecciones Historia Ilustrada de México y Biblioteca Mexicana, esta última en coedición con el Fondo de Cultura Económica. En 1996 obtuvo el Premio Nacional de Ciencias y Artes en el área de Historia, Ciencias Sociales y Filosofía. Es doctor honoris causa por la Universidad Veracruzana, la Universidad de Ciencias y Artes de Chiapas y la Universidad Michoacana de San Nicolás de Hidalgo. Autor de *Memoria mexicana, La función social de la historia, Los orígenes del poder en Mesoamérica, ¿Cómo se hace un dios? Creación y recreación de los dioses en Mesoamérica* e *Imagen del cuerpo en Mesoamérica (5510 a.C.-1521 d.C.)*, entre muchos otros títulos.

Enrique Florescano

Dioses y héroes
del México antiguo

DEBOLS!LLO

Dioses y héroes del México antiguo

Primera edición en Debolsillo: octubre, 2025

D. R. © 2020, Enrique Florescano
D. R. © 2025, Claudia Florescano por la titularidad
de los derechos patrimoniales del autor

D. R. © 2025, derechos de edición mundiales en lengua castellana:
Penguin Random House Grupo Editorial, S. A. de C. V.
Blvd. Miguel de Cervantes Saavedra núm. 301, 1er piso,
colonia Granada, alcaldía Miguel Hidalgo, C. P. 11520,
Ciudad de México

penguinlibros.com

Diseño de portada: Penguin Random House / Scarlet Perea
Imágenes de portada: Dibujo de Raúl Velázquez basado en Maudslay / Imagen tomada de Anders,
Jansen y Pérez Jiménez (eds.), *Crónica mixteca*
Fotografía del autor: © Teocalli Salazar González

ISBN: 978-607-386-464-0

Impreso en México – *Printed in Mexico*

A Francisco Toledo, *in memoriam*

ÍNDICE

Introducción

Naturaleza divina de los dioses
e historicidad de los héroes

En los relatos de las civilizaciones más antiguas, la creación del universo comienza en lo más alto del cielo y la realizan seres etéreos e inmortales. Lo mismo ocurre en Mesoamérica, donde los dioses mayas, mixtecos o nahuas crean el mundo desde alturas remotas, en la oscuridad.

La primera creación está presente en los cantos, ritos y mitos, y se representa en el trazo urbano, la arquitectura, la escultura, la pintura y los códices de Mesoamérica. Ahí se cuenta cómo surgió la tierra de las aguas primordiales, cómo se formaron los tres niveles del cosmos, sus cuatro puntos espaciales y su centro. En este último, el eje cósmico, se erigieron aldeas y ciudades, y se enterró a los ancestros: el templo de los dioses protectores y el vértice de la vida política y social.

La primera parte de este libro propone explicar cómo esa creación primordial fue fijada en todos los medios de expresión imaginados para grabar de manera indeleble el origen de la tierra, el territorio, los dioses y el fundamento de la identidad originaria de los pueblos mesoamericanos.

Los dioses creadores del universo son los de más alto rango en la religión de los pueblos mesoamericanos, y los relatos que narran la creación del mundo aparecen en un sitio muy elevado de sus cosmogonías. Los mayas lo llamaron Ixiim Muwaan Mat (Ave Muwaan-Mazorca de Maíz), quien creó el mundo en la oscuridad, en la fecha mítica del 13 de agosto del año 3114 antes de la era actual: 4 Ajaw 8 Kumku.

Entre los mixtecos el creador es una pareja: Señor 1 Venado y Señora 1 Venado, aun cuando también se menciona a una pareja de ancianos sin nombre. En el *Códice Borgia*, un documento nahua del siglo xv, los creadores son Quetzalcóatl-Ehécatl y Tezcatlipoca. Para los nahuas de México-Tenochtitlan (siglos xv-xvi), Tonacateuctli y Tonacacíhuatl generaron los cuatro soles o eras del mundo que finalizan con el Sol de Movimiento, *Nahui Ollin*, la era actual. En el *Popol Vuh* (1554), libro sagrado de los quiché y surgido de los antiguos códices y cantos prehispánicos, la pareja formada por Xpiyacoc y Xmucané (la Madre y el Padre de la vida) "dieron voz a todas las cosas [...] Crearon el cielo y la tierra con sus cuatro esquinas".

Los dioses son entidades divinas, pertenecen al mundo de los entes superiores, viven más allá del mundo terreno, en el cielo etéreo. Son invisibles, impalpables y ubicuos. Son múltiples y diversos, cambian sus formas y manifestaciones. Son inmortales, aun cuando suelan reaparecer bajo otras formas y con nombres distintos, o en tiempos alternos.

Sin embargo, son ideaciones humanas; fueron creados en tiempos y momentos precisos del pensamiento o la especulación humanos. Si nos apartamos de la teología que se ocupa de su esencia, sus atributos y perfecciones, o su sentido e interpretación, podemos atender, en el transcurso histórico de Mesoamérica, la aparición de los dioses en la arqueología, la lingüística, las cosmogonías, los códices y textos antiguos, o en sus más numerosas manifestaciones grabadas, esculpidas o pintadas.

Dioses mediadores o héroes civilizadores

Una vez cumplida la misión primordial, los dioses creadores desaparecen, abandonan el escenario, y su lugar lo ocupan otras deidades que tienen una relación más directa con las necesidades y requerimientos humanos. El dios creador del cosmos maya, Ixiim Muwaan Mat, cede su lugar a sus tres hijos, Dios Primero (Itzamnaaj), Dios Segundo (Unen-K'awiil, el Joven Bebé K'awiil) y Dios Tercero (el Sol Jaguar del inframundo). A ellos corresponde entonces gobernar los tres niveles del universo, proteger a los pobladores del reino de Palenque y proveer los recursos para la existencia y la continuidad de los ciclos del tiempo y la naturaleza.

En las vasijas mayas de la época Clásica los Gemelos Divinos, Jun Ajaw y Yax Balam, derrotan a los señores de Xibalbá, quienes impedían la aparición del sol y el renacimiento de las plantas cultivadas. Jun Ajaw y Yax Balam son los héroes más celebrados y pintados en la cerámica polícroma de la época Clásica. Sus hazañas los llevan a viajar al inframundo y enfrentar a los amos de esa región en grandes batallas, hasta culminar su tarea con la resurrección del padre enterrado en las profundidades de la tierra para llevarlo triunfal a la superficie, convertido en planta de maíz, el dios verde por siempre joven.

Una proeza semejante lleva a cabo 9 Viento, el héroe civilizador de la Mixteca, quien constituye, ordena y nombra el territorio, crea a los seres humanos y da origen a los dioses patronos de los pueblos, a las dinastías nobles, y es el portador de los bienes que fundan la civilización. 9 Viento es presentado en los códices mixtecos como un héroe creador de bienes culturales y el patrono de Tilantongo, el gran señorío de la Mixteca Alta.

Pero sin duda los héroes más populares de la literatura de Mesoamérica son Junajpú y Xbalanqué, los Gemelos Divinos del *Popol Vuh*. Su historia está narrada en episodios dramáticos y alternos que revelan una estructura teatralizada. Primero acuden en busca de su padre desaparecido en las profundidades de Xibalbá. Luego son desafiados por seres poderosos que provocan terremotos. Más adelante se enfrentan a Siete Guacamaya, el gran pájaro que ostentaba ser el sol, a quien logran derrotar y humillar. Por último, Junajpú y Xbalanqué luchan contra los señores de Xibalbá, quienes, aunque les tienden sucesivas trampas, son vencidos una y otra vez por la astucia de los gemelos. Frustrados, los señores de Xibalbá retan a Junajpú y Xbalanqué a jugar en la cancha del juego de pelota, donde son derrotados y sacrificados.

Lo que caracteriza sustancialmente a los gemelos no es sólo su astucia, arrojo o sabiduría, sino que son seres humanos. Fueron creados por Jun Junajpú, un hombre del mundo terrenal, y una mujer, Xkik, Señora Sangre, hija de uno de los señores de Xibalbá. Es decir, en contraste con los impalpables y remotos dioses creadores de las fundaciones primigenias, Junajpú y Xbalanqué del *Popol Vuh* o los gemelos Jun Ajaw y Yax Balam de las cerámicas polícromas de la época Clásica son actores humanos, seres de carne y hueso que ponen en juego el ingenio, el valor y la astucia para cumplir sus propósitos.

La segunda parte de este libro trata de los dioses y héroes más recordados en la memoria colectiva de los pueblos antiguos y contemporáneos comenzando por los dioses creadores y mediadores.

El mito del dios del maíz es sin duda el más antiguo, extendido y entrañable de los pueblos campesinos de México y Centroamérica. Su aparición como semilla hundida en la tierra, y la germinación y florecimiento posteriores en la superficie terrestre están grabados en piedra desde los olmecas, hace 3 000 años. Para los antiguos pobladores la historia de esta primera siembra y del renacimiento del maíz significó el comienzo de la vida; el alimento precioso que multiplicó a los seres humanos y aseguró la pervivencia de las generaciones por venir. Sintetiza la creación primordial, el nacimiento de los pueblos y la inmortalidad de la naturaleza humana. Por eso el maíz se convirtió en el dios creador, patrono de reinos y dinastías, y de la creatividad e inventiva de los agricultores.

Quetzalcóatl o Serpiente Emplumada en un inicio simbolizó la unión de la tierra con el cielo, dos espacios distintos, pero indisolublemente unidos como emblemas de la fertilidad. La tierra era el suelo germinal y el cielo el lugar donde habitaban las fuerzas de la fecundidad. Los olmecas fundieron a ambas entidades en la figura de un dragón compuesto por una cabeza con rasgos de serpiente y una cola en forma de ala de pájaro. Desde entonces la Serpiente Emplumada representó la renovación vegetal: cuando las plumas verdes del quetzal cubren el cuerpo de la serpiente es el momento en que la estación seca es sustituida por las hojas verdes del maíz. Los mayas continuaron esa metáfora, pues 200 años antes de la era actual pintaron murales con el renacimiento del dios del maíz sobre el cuerpo de una Serpiente Emplumada. En Teotihuacán se manifiesta también como símbolo de la realeza, pues los arqueólogos interpretan la pirámide de la Serpiente Emplumada como una representación del gobernante que la construyó hacia el año 150-200 de la era actual. Asimismo, la figura de la Serpiente Emplumada como emblema del poder y la realeza se presenta con fuerza y esplendor en la pirámide principal de Xochicalco (900), en las pinturas murales de Cacaxtla (650-950), en el Templo Inferior de los Jaguares en Chichén Itzá, y en el señorío oaxaqueño de Coixtlahuaca (1166), cuyo nombre mixteco es Yodzo Coo y, como me indica Manuel Hermann Lejarazu, en los códices mixtecos las llanuras se representan como tapetes de plumas. Este símbolo se prolonga hasta llegar a ser el símbolo del fundador y gobernante de la Tula de los renombrados toltecas (900-1150).

Los héroes han aparecido desde los tiempos más remotos y son recordados a través del paso de los siglos por las hazañas que acometen. Son los casos del valeroso Aquiles y del astuto Ulises de la Grecia preclásica, o del poderoso Gilgamesh, cuyas aventuras conocemos gracias a las milenarias tabletas cuneiformes de Babilonia, en las cuales se narra su viaje al último confín del mundo en busca de la planta de la eterna juventud y su encuentro con la realidad de la muerte inexorable.

Todos estos hacedores de obras y hazañas memorables, aun los rodeados del aura más fantasiosa, tienen un contorno histórico. Los héroes de la antigüedad, a diferencia de los que figuran en los cuentos maravillosos, poseen un trasfondo histórico. Innumerables arqueólogos, historiadores, lingüistas, epigrafistas, antropólogos, eruditos y curiosos de toda talla se han afanado en conocerlo y revelarlo. Un ejemplo es el bello libro de Pierre Vidal-Naquet, *El mundo de Homero*, que ilumina el trasfondo histórico de los héroes de *La Ilíada* y *La Odisea*.

En el México antiguo es posible trazar la huella histórica de héroes carismáticos de carne y hueso. Uno de ellos, quizás el más conocido, es el conquistador de Tula, Ce Ácatl Topiltzin Quetzalcóatl, quien alcanza fama legendaria como fundador y gobernante de ese reino, y quien encarna las virtudes de la cultura tolteca.

Diversos testimonios nahuas y otras fuentes e investigaciones históricas muestran que Ce Ácatl Topiltzin Quetzalcóatl, el fundador y gobernante de Tula, fue un personaje histórico real, hijo del guerrero chichimeca Mixcóatl y de Chimalma, una mujer nahua de ascendencia teotihuacana. Sin embargo, el *Códice Florentino* transmitió otra versión del gobernante Topiltzin Quetzalcóatl, en la cual la figura de éste es sustituida por la del dios y la del sacerdote de Tula que llevó el mismo nombre, Quetzalcóatl.

A partir del derrumbe del gran reino de Tula hacia 1150, la nombradía y la fama de Topiltzin Quetzalcóatl se extendieron por toda Mesoamérica, al mismo tiempo que su prestigio como gobernante se volvió leyenda y símbolo del poder tolteca en distintas regiones.

Atraídos por ese personaje carismático y por la fama de los prestigiados toltecas, múltiples investigadores emprendieron excavaciones en Tula desde la década de 1940. Descubrieron una gran ciudad poblada de palacios, templos, esculturas colosales, juegos de pelota y plazas rodeadas de numerosas columnas. Otros autores conjeturaron que Tula había formado un gran reino de varios señoríos. Pero la sorpresa mayor de estas excavaciones, continuadas hasta fechas recientes, es que en ninguno de esos palacios y monumentos se halló rastro del personaje que en las crónicas indígenas o en las obras de Bernardino de Sahagún se llamaba Ce Ácatl Topiltzin Quetzalcóatl. Menos se encontró huella en las ruinas de Tula del sacerdote Quetzalcóatl.

Sin embargo, la arqueología y la iconografía contemporánea sacaron a la luz la presencia predominante del guerrero en los monumentos y en lo que fue el palacio real de Tula, al lado de la efigie de la Serpiente Emplumada. Éste es el emblema que rodea a los personajes más importantes ahí representados.

Los estudios recientes confirmaron la existencia del reino de Tula en los años 900-1150 e hicieron verosímil la presencia del personaje Ce Ácatl Topiltzin Quetzalcóatl, cuya fama proviene de haber instaurado y gobernado ese reino legendario, pues fue el reino que trasladó a esa región norteña la cultura y las tradiciones políticas de Teotihuacán.

Tras el ocaso de Tula, que como Teotihuacán fue destruida, quemada y abandonada, comienza una diáspora mayor de los pueblos. Al derrumbarse la metrópoli norteña que había concentrado las tradiciones de la cultura tolteca, los grupos chichimecas del norte y el occidente que se habían reunido ahí se dispersaron junto con los antiguos teotihuacanos, mixtecos, zapotecas, olmeca-xicalancas y demás pueblos también asentados en Tula. Los toltecas, a su vez, buscaron a los gobernantes mixtecos, como lo indican los códices de esta región.

Luego de abandonar la ciudad, cuantiosos contingentes toltecas buscaron refugio en otras localidades. Las crónicas, anales y textos antiguos citan estas migraciones conducidas por líderes distinguidos por sus cualidades militares. Así, ocuparon antiguos señoríos como Culhuacán en el Valle de México y Cholula en el Valle de Puebla. En estos y otros sitios pervivió la tradición de los toltecas de Tula: el primer rey tolteca de Culhuacán se llamó Xiuhtémoc, quien se casó con Iztapantzin, hija del primer señor tolteca de Cholula.

Otros relatos explican cómo los nonoalca-chichimecas que salieron de Tula entraron a Cholula y derrotaron a los olmeca-xicalancas hacia 1500. Estas conquistas son obra de capitanes ambiciosos como Quetzaltehuéyac e Icxicóatl, quienes llevan nombres nahuas.

La *Historia tolteca-chichimeca* narra la salida de Tula de estos grupos a través de textos, anales e imágenes que nombran a sus capitanes y las sucesivas conquistas en Cholula, Cuauhtinchan y otros señoríos de los actuales estados de Puebla, Tlaxcala y Oaxaca. El *Códice Xolotl* da cuenta de otra migración chichimeca en el Valle de México, encabezada por el líder guerrero Xólotl. Él y su hijo Nopaltzin, descritos como agrestes cazadores chichimecas, se mezclaron con los pobladores toltecas y transformaron sus hábitos, lenguas, costumbres e instituciones públicas hasta devenir verdaderos toltecas, fundadores del señorío de Texcoco. La culminación de este proceso es la figura heroica de Netzahualcóyotl, en el siglo xv.

Desde el año 900 hasta el 1500 se sucede la historia de migraciones y fundaciones de nuevos señoríos y alianzas dirigidas por guerreros y caudillos militares en todas las regiones de Mesoamérica. Topiltzin Quetzalcóatl de Tula, Quetzaltehuéyac e Icxicóatl de Cholula, o Xólotl de Culhuacán-Texcoco serán algunos de los renombrados héroes del centro de México. Tal es el caso de Kukulcán, Nácxit o Gucumatz en el área maya que se extiende de Yucatán a Guatemala, Honduras y Belice, cuya memoria resplandece en los pueblos y reinos de distintos rumbos y tiempos.

Finalmente, el libro concluye en el periodo Posclásico, entre el 900 y 1521 de la era actual. Es el tiempo que sucede a la caída de los grandes reinos de la época Clásica. Un gran trastorno histórico caracterizado por profundos cambios políticos, sociales y culturales, y por migraciones de uno a otro extremo de Mesoamérica. No es extraño entonces que en este nuevo escenario aparecieran otros modos de recordar y otras formas de historiar el pasado. Durante el Posclásico, en todas las regiones de Mesoamérica está presente la figura de estas personalidades de carne y hueso, cuyos descendientes, conflictos y trastornos políticos, así como el paso del tiempo transformaron más tarde en semidioses, personajes envueltos en el mito y la leyenda. Entre todos ellos sobresale 8 Venado, Garra de Jaguar, un guerrero notable de la Mixteca oaxaqueña, dotado de habilidades políticas extraordinarias y quien en el curso de tres décadas conquistó entre 75 y 100 pueblos en la Mixteca Alta, la Baja y la de la Costa, una hazaña que lo convirtió en el gobernante de Tilantongo, el señorío que unificó a toda la Mixteca.

A la edad de 20 años, 8 Venado había conquistado el señorío de Tututepec y un año después de su entronización ya había tomado diez pueblos de esa región y más tarde sumó 27. Tales victorias atrajeron la atención del señor tolteca 4 Jaguar, gran guerrero y político que gobernaba entonces el poderoso reino de Cholula, el de mayor influencia en el sur de Mesoamérica. 4 Jaguar envió emisarios a Tututepec para provocar una reunión con 8 Venado.

La reunión de 8 Venado con el señor 4 Jaguar se apresuró por la repentina muerte del joven señor 2 Lluvia, legítimo gobernante de Tilantongo. 8 Venado aprovechó esa ocasión para suprimir a los familiares del señor 2 Lluvia y establecer relaciones con el poderoso reino de Cholula, capital tolteca de esta región que ejercía fuerte influencia comercial y política en la Mixteca. 8 Venado fue elevado al rango de señor tolteca, *tecuhtli*, el día 1 Viento del año 7 Casa (1097).

Poco después de esta ceremonia, 8 Venado regresó a la Mixteca y emprendió nuevas campañas de conquista que lo llevaron a ser entronizado como gobernante de las Mixtecas Alta, Baja y de la Costa, en el templo sagrado de Tilantongo, el día 4 Viento del año 8 Conejo (1098). 8 Venado tenía entonces 35 años de edad.

Concluida esta celebración, 8 Venado, en compañía del señor tolteca 4 Jaguar de Cholula, emprendió grandes campañas de conquista hacia la costa oriental de Veracruz, donde sometieron unos 40 pueblos. Las hazañas de 8 Venado y 4 Jaguar incluyen un viaje sobrenatural, pues en el *Códice Colombino* se les ve entrar a una gruta y nadar entre grandes olas que se levantan en su travesía. Sus conquistas prosiguen en el *Códice Becker I*, en las cuales acometieron varios pueblos.

Otra empresa los lleva a derrumbar el templo de la Casa del Sol, acontecimiento que se celebra con la ceremonia de encender el Fuego Nuevo, que simboliza el inicio de una nueva era. Un acto que se ratifica con la entrega a 8 Venado del bastón de mando por manos del dios del sol, como lo registra el *Códice Nuttall*.

Poco después de celebrar estas victorias con el señor 4 Jaguar, 8 Venado regresa a Tilantongo, donde se entera de la muerte de su hermano mayor 12 Movimiento, compañero de grandes batallas, quien fue asesinado en un temazcal en el año 1100. 8 Venado promocionó ceremonias para cremar el cuerpo de su hermano y luego hizo envolver sus restos en un bulto sagrado.

Un año después, 8 Venado buscó aniquilar a la familia de los asesinos de su hermano. En 1101 conquistó el lugar llamado Bulto de Xipe e hizo prisioneros a sus gobernantes, a quienes sacrificó en un cadalso. Sin embargo, uno de los hijos del señorío, llamado 4 Viento, logró escapar y se refugió en el Lugar de Pedernales, donde prosperó y comenzó a fraguar su propia venganza. Sus partidarios asesinaron a 8 Venado mientras dormía en el día 12 Casa del año 1115.

La memoria y el prestigio de 8 Venado y del reino de Tilantongo continuaron vivos en los cantos, ritos, códices y lienzos de la región mixteca por más de 500 años. Su prodigiosa carrera de conquistador, guerrero valeroso y político de variados talentos está narrada con precisión en los más valiosos manuscritos prehispánicos que se conservan. Su historia marca el paso de las creaciones de los dioses impalpables y de los héroes míticos a las narraciones históricas de grandes hazañas realizadas por seres de carne y hueso.

Reconocimientos

Este libro resume mi interés sobre el México prehispánico en el transcurso de varias décadas, motivado por maestros, autores y amigos que me iniciaron en estos estudios. La bibliografía que presento al final recoge los trabajos principales que apoyaron e inspiraron este libro. Antonio García de León, Rodrigo Martínez Baracs, Erik Velásquez y Geney Beltrán leyeron partes de este trabajo y me hicieron sugerencias y aportaciones valiosas que mejoraron el manuscrito original y mucho agradezco por ello. Manuel Hermann Lejarazu, el mejor conocedor de los códices, tradiciones y lenguas de la Mixteca oaxaqueña, y excelente editor de sus principales manuscritos, fue la fuente que inspiró el ensayo sobre 8 Venado, Garra de Jaguar. A él debo también observaciones afortunadas que me salvaron de cometer imprecisiones.

A Bárbara Santana y a un corrector anónimo debo la revisión minuciosa de este relato y las mejoras en su reconstrucción y el lenguaje. Teocalli Salazar González colaboró en la selección iconográfica y en la transcripción final del manuscrito. Verónica Ramos Pérez, como siempre, tuvo a su cargo las tareas de coordinación. Con María Nieves Noriega de Autrey, Directora General de *Arqueología Mexicana*, y con Enrique Vela, editor de esta magnífica revista, estaré siempre en deuda por su generoso apoyo y ayuda para editar las imágenes que acompañan el capítulo sobre la vida y hazañas de 8 Venado, Garra de Jaguar. A todos ellos les expreso mi reconocimiento y gratitud.

Enrique Florescano
Septiembre, 2019

Las creaciones primordiales

La primera representación del cosmos, mucho antes de que apareciera en cualquier tipo de imagen plástica, se realizó a través de los ritos. En los albores de la humanidad, el rito formalizó y definió las relaciones de los seres humanos con el mundo sobrenatural y con sus semejantes.

El portento cotidiano de la aparición de los astros en la bóveda celeste, el maravilloso retorno anual de las estaciones, la manifestación sorpresiva de los fenómenos naturales (el viento, el relámpago, la lluvia), las distintas fases de la vida humana (nacimiento, matrimonio, muerte) y los sucesos que dieron cohesión al grupo (el culto a los ancestros, las fiestas de la recolección de frutos, el nacimiento de las plantas cultivadas) fueron interpretados y sacralizados en primer lugar por medio de ritos. Durante esos tiempos remotos, el rito fue el instrumento privilegiado para registrar en la memoria del grupo los acontecimientos que sustentaban la vida colectiva.

Desde muchos siglos antes de la escritura, el rito se transmitió por vía oral y con la fiesta, la cual hacía de la danza, la música, la escenografía y la participación colectiva un acto continuo, integral, indisociable. Los tres ejes sobre los que se asentó la memoria antigua (las acciones humanas, el transcurrir temporal y el espacio) tuvieron en el rito una de sus primeras manifestaciones teatralizadas.

Al principio, los ritos de los cazadores y recolectores se celebraban siguiendo el ritmo natural de las estaciones o de la vida humana, sin exigencias precisas sobre los lugares de su realización, los actores o los modos de su ejecución. Pero cuando se instituyeron los primeros reinos las actividades humanas fueron sometidas al calendario, un código rígido que fijaba la fecha, el lugar y la forma de celebrar los ritos. Georges Dumézil ha advertido que en las antiguas sociedades indoeuropeas, quien aspirara a triunfar, reinar o fundar algo tenía por fuerza que "apoderarse del tiempo, al mismo título que del espacio".

Al igual que ocurrió en Europa y Asia, los pueblos mesoamericanos integraron los acontecimientos fundadores del reino con el ciclo de labores rutinarias que aseguraban la sobrevivencia social. Trabajo colectivo, fiesta comunitaria y celebraciones políticas se incorporaron en el calendario de las festividades anuales. Los mexicas idearon dos marcadores del tiempo. Uno era de 365 días (*Xihuitl*), que correspondía al transcurso del año trópico, y el otro era un calendario ceremonial (*Tonalpohualli*), dividido en 20 trecenas que sumaban 260 días. Este segundo almanaque registraba las fiestas que tenían lugar en cada trecena, las cuales fueron muy bien descritas por fray Bernardino de Sahagún y fray Diego Durán, los dos grandes cronistas del siglo XVI.

El calendario fue el instrumento dedicado a fijar en la memoria pública los ritos indispensables para la preservación de la existencia social. Gracias al testimonio de uno de los primeros cronistas europeos que describieron las fiestas dedicadas al cultivo de las plantas entre los antiguos mexicanos, tenemos constancia de esa función.

Apunta fray Diego Durán en su *Historia de las Indias* (1570) que las figuras y fechas anotadas en el calendario sagrado normaban "a estas naciones para saber los días en que habían de sembrar y coger, labrar y cultivar el maíz, desherbar, coger, ensilar, desgranar las mazorcas, sembrar el frijol, la chía, teniendo cuenta en tal mes, después de tal fiesta, en tal día y de tal y tal figura, todo con un orden y concierto supersticioso, que si el ají no se sembraba en tal día y las calabazas en tal día, y el maíz en tal día, etc., que en no guiándose por el orden y cuenta de estos días", temían que se perdiera lo que habían sembrado con tanto esfuerzo.

Por esta razón el calendario de fiestas cívico-religiosas, asociado al año solar de 365 días, ponía énfasis en la celebración de los ritos agrarios. Según varios autores, los mexicas festejaban con riguroso fervor tres tipos de ceremonias: "las dirigidas a las montañas y el agua para propiciar la lluvia; las dirigidas a la tierra, el sol y el maíz, para asegurar la fertilidad y cosechas abundantes; y las dirigidas a celebrar a los dioses patrones de los grupos y a los protectores de la comunidad". Ese calendario determinó que las fiestas se realizaran de manera periódica y colectiva, haciendo de ellas un necesario rito de identidad comunitaria.

El sentido de los festivales más numerosos era propiciar el cultivo del maíz. El primero, *Huey Tozoztli*, ocurría en lo alto de la estación seca y se dedicaba a la diosa Chicomecóatl, quien consagraba las mazorcas secas para que favorecieran la siembra del año siguiente. El segundo festival, *Huey Tecuilhuitl*, sucedía hacia la mitad de la estación de lluvias y estaba destinado a la diosa Xilonen, cuyo nombre provenía de *Xilotl*, "pelos de elote", el mismo que se daba a la primera mazorca dulce del maíz germinada en los sembradíos. Entonces se entregaba a la imagen de Xilonen una ofrenda de los primeros frutos (figura 1.1).

Ochpaniztli, el último de los festivales del maíz, se dirigía a las deidades de la tierra y celebraba la cosecha y el principio de la estación seca.

El estudio de las fiestas inscritas en el calendario revela su carácter de instrumento privilegiado para establecer la memoria colectiva. De las 18 ceremonias celebradas en el año, 11 eran

FIGURA 1.1. A) Chicomecóatl, diosa de los mantenimientos, en una lámina del *Códice Florentino*. Imagen tomada de *Códice Florentino*, 1979, Libro II, f. 29v. B) Brasero con la representación de la diosa Xilonen. Museo Nacional de Antropología. Imagen tomada de Mediateca INAH (CC BY-NC).

para propiciar la lluvia y rendir culto a los dioses de la fertilidad. Además, coincidían con el periodo crítico del ciclo agrícola, relativo a la siembra (abril-mayo) y la cosecha (septiembre-octubre). Es decir, de las 13 ceremonias que tenían lugar entre febrero y octubre, nueve estaban dedicadas a favorecer el desarrollo de las plantas indispensables para el diario sustento.

El registro de los ritos que se detallan en el calendario de los antiguos nahuas destaca dos tipos de procedimientos nemotécnicos. El primero es un apunte minucioso de las tareas agrícolas que debían realizar los agricultores a lo largo del año para obtener buenas cosechas. Ahí se encontraba la memoria agrícola común, condensada en un calendario ritual manejado por los gobernantes.

Este calendario señalaba las fases de la siembra y el cultivo de las plantas que estaban dominadas por distintas divinidades, a quienes se debía rendir culto y hacer ofrendas para obtener sus dádivas. Los ritos que pedían buenas cosechas eran acompañados por festivales multitudinarios en los que se solicitaba el favor de los dioses y se les ofrecían las primicias de la tierra. Con ello procuraban influir en el orden natural para domeñar el ritmo de las lluvias y que confluyeran las necesidades humanas y los ciclos y vaivenes de la naturaleza.

Esta ancestral medición temporal ha tenido una permanencia milenaria en la memoria de los campesinos de Mesoamérica, y trasciende los remotos tiempos de su invención, hace más de 3 000 años, hasta las tareas agrícolas y los proyectos de vida de las comunidades indígenas de nuestros días.

El etnógrafo suizo Rafael Girard fue uno de los primeros en reconocer que el antiguo calendario mesoamericano aún regía la actividad agrícola de los actuales campesinos chortís de Guatemala. En contra de las ideas prevalecientes entonces, Girard adujo que sus prácticas religiosas y agrícolas significaban una continuidad, un vivo legado de la antigua civilización maya. Y así constató en sus estudios etnográficos sobre los chortís, al igual que en otras obras referentes a la religiosidad, que las tradiciones de los campesinos contemporáneos remitían a la cultura maya de la época Clásica.

Como puede advertirse en la tabla 1, el calendario agrícola de los chortís entre 1930 y 1940 reproducía con fidelidad el calendario ritual de los mayas en el siglo xv, el mismo que había registrado fray Diego de Landa en su *Relación de las cosas de Yucatán* (1566).

Una lectura cuidadosa de las obras donde Girard transcribe los informes recogidos durante su estancia con los chortís, muestra que su registro de la temporalidad se trataba, en primer lugar, de un calendario agrícola, esto es, un compendio de las tareas que el labrador maya había de emprender a lo largo del año para el logro de una buena cosecha. Según los datos reunidos en la tabla 1, el calendario señala las actividades ineludibles que los campesinos debían de realizar desde el 8 de febrero, día que marcaba el comienzo del año, hasta el 7 de febrero del año siguiente, cuando concluía el ciclo de los cinco días nefastos que representaban el caos que había precedido al inicio del ordenamiento del cosmos. Constituye entonces un calendario sin cambios sustantivos, imperante desde que se consiguió domesticar la planta del maíz muchos siglos antes.

Este calendario muestra que el registro de las tareas agrícolas se había integrado a las ceremonias dedicadas a los dioses de la fertilidad y a las fiestas que celebraban los diversos momentos del ciclo agrícola en los templos y santuarios de la capital del reino. A lo largo de un proceso cuyas fases todavía ignoramos, el calendario campesino original tuvo una transformación manifiesta en una serie de fastuosas ceremonias consagradas a solicitar el don de los dioses. El calendario de fiestas incluyó un catálogo de divinidades participantes y una descripción de sus potencias generadoras y fertilizadoras.

Las deidades más festejadas fueron las del maíz, que en el calendario mexica estaba compuesto por los siguientes númenes: Chicomecóatl, diosa de la mazorca seca; Pipiltzin, el dios joven del brote del maíz; Xilonen, diosa de los elotes tiernos; Centeotl, señor de la mazorca de maíz. Es evidente que entre los mexicas cada una de las fases críticas del crecimiento de la planta del maíz se transformó en una divinidad dotada de poderes específicos y rasgos individuales, cuya manifestación temporal se festejaba con un ritual propio en templos y lugares determinados, donde los participantes aportaban las correspondientes ofrendas.

Debe de señalarse de manera importante que el calendario prescrito de las tareas agrícolas y el festejo de los dioses de la fertilidad se relacionaron con la memoria política del reino. Desde sus orígenes, el establecimiento del calendario vinculó las tareas que aseguraban la sobrevivencia del grupo con la memoria del origen del reino y la fundación del linaje gobernante.

La fecha del 8 de febrero indicaba el primer movimiento solar posterior al solsticio de invierno y el inicio de las tareas agrícolas del año. Representó la fecha inaugural del calendario solar de 360 días y el almanaque sagrado de 260 días. Este prodigioso inicio del tiempo y de los ciclos que ocultaban y hacían reaparecer a los astros en la bóveda celeste, y que asimismo indicaban de manera imperiosa el inicio de las tareas agrícolas, fue reinterpretado por los gobernantes como la celebración de la coincidente creación del cosmos y la fundación de los reinos.

Los cinco días nefastos que precedían al 8 de febrero eran considerados un equivalente del periodo de caos y desorden anterior a la organización del cosmos en todos los calendarios mesoamericanos. Luego de que las fuerzas creativas por fin vencían a las destructivas, el primer festival del calendario celebraba la recreación del cosmos en la ceremonia del año nuevo, el comienzo del tiempo, la fundación de los reinos y el establecimiento de las dinastías gobernantes.

Del mismo modo que en Mesopotamia, el comienzo del año significaba en Mesoamérica una renovación del cosmos, una recreación de todo el universo. Esta regeneración cósmica se representaba ritualmente en la fiesta del Año Nuevo, una ceremonia que debía coincidir con la confirmación del gobernante o la entronización de uno nuevo. Así, ellos eran vistos como un agente renovador del universo. En los mitos cosmogónicos mesoamericanos, el acto de mayor trascendencia es el ordenamiento del cosmos. En cuanto hecho fundacional del mundo, aparecería como la primera festividad del calendario mesoamericano, y desde entonces esta fiesta inicial quedó vinculada a los ritos que también legitimaban el poder político.

El mito maya que el dirigente de Palenque K'inich Kan Bahlam mandó grabar con jeroglíficos en 692 anuncia que enseguida de la creación del cosmos los dioses forjaron el reino y la casta de sus gobernantes, la divina dinastía de Palenque. Los mitos quiché, mixtecos, mexicas y purépechas seguirían ese dictado, pues lo primero que se apresuraron a legitimar fue la fundación divina del reino. El *Memorial de Solólá* revela que en el mes de *Tacaxepenal*, el "principio del año", habían llegado los cakchiqueles a Tulán Zuyuá, junto con otros pueblos, y en esa fecha se instituyó el pago de los tributos al otorgarles Nácxit las insignias del poder.

Tabla 1. Calendario agrícola, astronómico y religioso de los chortís de Guatemala, según Rafael Girard.

Fechas agrícolas	Fenómenos astronómicos y meteorológicos	Tareas	Ritos	Rasgos sociales
8 de febrero. 1 Imix. El Dios–Siete encabeza la rueda calendárica.	Primer movimiento del sol. (Despegue visible del solsticio.) Vientos.	Primer trabajo de la milpa. Medición del campo de cultivo. Tala y roza del monte.	Ritos de año nuevo. Viaje ceremonial al occidente, imitando el primer movimiento del sol. Formación del ideograma cósmico. Captura del "aire". Recreación del mundo y del tiempo.	Los campesinos se unen en el trabajo de la milpa.
20 de marzo o Semana Santa. Fin de la primera cuarentena. Comienzo de la segunda cuarentena.	Equinoccio. Baja el dios solar. Calor.	Quema de la maleza. Humo en los campos.	Cuatro hierofantes envían un mensaje a la deidad, invitándola a bajar a la tierra. Dramatización ritual del ciclo de 40 días. Rito del Fuego Nuevo.	Quema de la maleza.
30 de abril-1° de mayo. Principio del Reglamento del invierno. Cómputo por novenas y trecenas. Cómputo lunar.	Primer paso del sol por el cenit, determinante de la estación de lluvias. Concluye el ciclo estival. Posición significativa de las Pléyades y otras estrellas.	Sacrificio de aves en la milpa. Amojamiento de la milpa. Siembra del maíz. Primera limpia.	Ceremonia inicial del ciclo de lluvias. Sacrificio de pavos. Revestimiento vegetal al ídolo y altar (árbol de la vida). Ritos de atracción de las lluvias. Amojamiento del templo.	Siembra colectiva de la milpa, por el sistema de ayuda mutua.
21-22 de junio. Final del primer ciclo de 52 días y comienzo de otro.	Solsticio de verano. Periodo de máxima precipitación pluvial.	Segunda limpia.	Ritos solsticiales. Traslado de la silla divina. Tocados rojos.	Los ritos del culto agrario reúnen a toda la comunidad en los campos del cultivo.

25 de julio.	La posición de la Vía Láctea señala el tiempo de la canícula. Tiempo seco.	Preparación de tierras para la segunda milpa. Recolección de elotes.	Ritos petitorios de suspensión temporal de lluvias.	
12-13 de agosto. Final del segundo ciclo de 52 días. Comienzo del ciclo de 73 días.	Segundo paso del sol por el cenit. Periodo de máxima precipitación pluvial. Cambio en el panorama estelar.	Siembra de la segunda milpa y doblado de la primera.	Ritos petitorios de lluvia. Cambio de la cuadrilla sacerdotal. Cambio de envases en la mesa sagrada.	Trabajo colectivo.
22-23 de septiembre.	Equinoccio. Fuertes lluvias.	Fin de la limpia de la segunda milpa.	Ritos del agua.	
24 de octubre a la medianoche. Fin del ciclo agrícola.	Termina la estación de las lluvias.	La segunda milpa está "jiloteando".	Clausura del Tzolkín. Desacralización del maíz.	
25 de octubre en la madrugada. Comienza el ciclo festivo y descanso de 100 días.	Nuevo sol. Comienza el ciclo estival.	Caza, pesca, cosechas. Descanso.	Invocación al Nuevo Sol. Fiestas a los muertos y fiestas solares.	Danzas públicas. Regocijos populares. Pescas colectivas. Caza.
21-31 de diciembre. 14 de enero, fecha inicial del último mes. Fin del ciclo de 100 días.	Solsticio de invierno.	Fiestas públicas.	Ritos solsticiales. Fiestas de la cosecha, patronal y a todos los dioses. Clausura del ciclo anual. Amarre del toro.	Manifestaciones de solidaridad comunal con los dioses y los dirigentes espirituales.
Ciclo de 5 días (3-7 de febrero).		Cinco días inhábiles.	Cinco días nefastos.	Temor colectivo.

Un estudio reciente encontró que los zapotecos de Oaxaca celebraban más ceremonias en febrero durante el Virreinato, precisamente el mes que correspondía al año nuevo. Entre ellas destacaba la fiesta de nombramiento de los cargos y de entrega de las varas de mando a las autoridades de los pueblos.

De 1930 a 1940, Girard emprendió una reconstrucción de las ceremonias de los chortís de Guatemala que también refrenda la permanencia de esa tradición en muchos pueblos mesoamericanos. El 8 de febrero de cada año, los chortís realizan la misma ceremonia relativa a la creación del cosmos que inauguraron sus antepasados hace más de treinta siglos, conmemorando así el comienzo del tiempo y el arranque del movimiento solar hacia el oeste, para lo cual circunscriben y talan sus campos, festejan el inicio de la vida civilizada y renuevan los puestos de mando de sus pueblos.

La creación del cosmos en imágenes

Los primeros habitantes de Mesoamérica fueron memoriosos. Procuraron guardar por medio de ritos, cantos, pinturas, piedras, glifos y mitos el recuerdo de su origen, del lugar donde se asentaron y nacieron sus ancestros, donde habían erigido templos a sus dioses protectores. El territorio común, los predecesores y las deidades protectoras fueron entidades constitutivas de una distinción propia, un fuerte sentido de pertenencia que los distinguía de otros pueblos con quienes convivían y competían.

Quizá poco después de que estos mensajes se transmitieran por los cantos, los ritos o los mitos alcanzaron su difusión a través de la plástica. En las primeras ciudades edificadas en Mesoamérica se han encontrado numerosas imágenes grabadas en piedra y esculturas que describen con rasgos firmes la creación del mundo. Se trata de poderosas imágenes que concentran todo el universo y que se fijaron de manera perdurable en la memoria de los pueblos.

Los llamados olmecas, establecidos en las tierras tropicales y costeras de Veracruz y Tabasco entre 1 200 y 400 años antes de la era actual, fueron los primeros en desarrollar un lenguaje simbólico, un código refinado para comunicar su visión del cosmos. Con este lenguaje producían imágenes que revelaban la naturaleza sagrada del cosmos y su relación con el poder político y la sociedad. En el centro ceremonial de La Venta, capital de uno de los primeros señoríos de Mesoamérica, plasmaron una visión perdurable del origen y la composición del cosmos.

En el corazón de su asentamiento levantaron una réplica de la montaña que surgió de las aguas primordiales el día inaugural de la creación. Esta colina, que los mayas llamarían Yax Hal Witz, Primera Montaña Verdadera, y los nahuas Tonacatépetl, el "cerro de los mantenimientos", simbolizó el surgimiento de la tierra y la creación de los tres niveles del cosmos: el inframundo, la superficie terrestre y el cielo (figura 2.1).

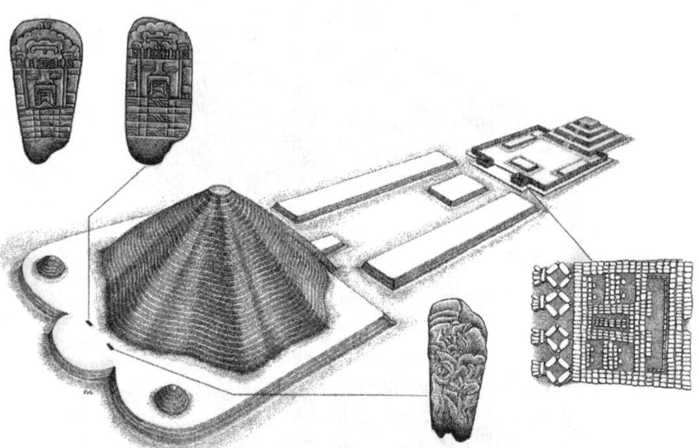

FIGURA 2.1. Reconstrucción del centro ceremonial de La Venta, con la representación de la montaña primordial, la plaza hundida, las ofrendas enterradas y las estelas o árboles de piedra con la efigie de sus dioses y gobernantes. Dibujo de Raúl Velázquez basado en Freidel, Parker y Schele, *Maya Cosmos*, 1993, p. 134, figura 3.4.

Desde su aparición en La Venta, entre 800 y 400 años antes de la era actual, hasta la caída de Tenochtitlan en 1521, la Primera Montaña Verdadera constituyó el eje del mundo en el centro urbano mesoamericano. Era la señal de que la ciudad se había asentado en un lugar privilegiado del cosmos, vinculada con sus tres niveles verticales y los cuatro rumbos del espacio horizontal. Para los olmecas, y para los pueblos que los siguieron, este *axis mundi* se concebía como un inmenso árbol o una gran montaña que tenía el poder de conectar los tres niveles del ámbito terrestre y también el mundo humano con el sobrenatural (figura 2.2). De igual modo, la Primera Montaña Verdadera fue un símbolo de la fertilidad, la entraña que guardaba en su interior las semillas nutricias y las aguas fertilizadoras, el sustento de los primeros seres humanos.

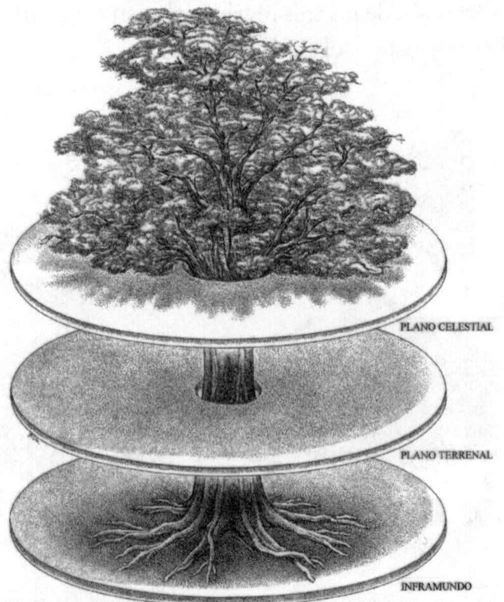

FIGURA 2.2. Diagrama cósmico olmeca, representado por una ceiba que se divide en los tres niveles del cosmos. Dibujo de Raúl Velázquez basado en Clark (coord.), *Los olmecas en Mesoamérica*, 1994, p. 240.

En contraste con las pequeñas aldeas anteriores a ella, La Venta fue el resultado de un plan, una ciudad en cuyo centro se levantaron pirámides y plazas de un tamaño nunca antes visto. Fue la capital del primer señorío mesoamericano, gobernado por un linaje que transmitía el poder de manera hereditaria. Tenía un territorio propio y símbolos que proyectaban el momento glorioso de su fundación, la antigüedad de un linaje de carácter real y el poder de los dioses que habían propiciado esa creación única. Las estelas y monumentos en torno a su centro celebraban ese momento fundacional y lo presentaban como el origen del pueblo olmeca. La efigie de los gobernantes ocupaba un lugar central en las plazas y remitía a los antepasados fundadores (figura 2.3).

Figura 2.3. Efigie de un gobernante olmeca, representado con un cetro o bastón ceremonial en sus manos y un alto tocado con la imagen de los dioses protectores. Estela 2 de La Venta. Dibujo de Raúl Velázquez basado en Covarrubias, *Indian Art of Mexico and Central America*, 1957, p. 74.

En el escenario del centro ceremonial sobresalía, frente al montículo de la Primera Montaña Verdadera, una gran plaza hundida en donde parecían estar contenidas las aguas del mar primordial. Esta imagen del estanque que almacenaba las aguas primigenias será recurrente en los relatos cosmogónicos, pero aquí está expresada por primera vez de forma plástica e impresa en la geografía de la ciudad. El creador de este icono fue un pueblo que vivía a orillas del mar, rodeado de planicies periódicamente inundadas por las avenidas de los ríos. No es casual entonces que los olmecas creyeran que en el inicio de la creación tan sólo hubiera existido el mar extenso en la parte baja, y en lo alto el cielo dilatado. Quizá para ellos la creación comenzó, como en el *Popol Vuh*, cuando los dioses exclamaron:

¡Hágase así! ¡Que se llene el vacío! Que esta agua se retire y [...] surja la tierra que se afirme [...]

Luego la tierra fue creada [...] Como la neblina, como la nube y como una polvareda fue la creación, cuando surgieron del agua las montañas; y al instante crecieron las montañas.

La figura de la gran montaña daba cuenta de las nuevas relaciones que el surgimiento de la tierra había establecido con las distintas regiones del universo. El lugar ahora habitado por los seres humanos se convirtió en el centro del cosmos, el punto de confluencia de todas las fuerzas fecundantes del cielo (el rayo, el relámpago, la nube, la lluvia) y las germinales del inframundo. Con la aparición de la tierra había culminado el ciclo catastrófico de lucha y oposición destructiva de las creaciones anteriores, y entonces esas fuerzas antagónicas, en lugar de combatir entre sí, se habían transformado en poderes complementarios, aliados por la intermediación de la superficie terrestre.

Las fuerzas creativas del mundo fueron reconocidas desde tiempos tempranos: tierra, sol, viento y agua. Las culturas más antiguas, desde la olmeca, les otorgaron una atención privilegiada a las fuerzas contenidas dentro de la tierra, fuente de fertilidad, transformación y regeneración cíclica de la vitalidad natural. El llamado Dragón olmeca es uno de sus símbolos (figura 2.4), así como sus innumerables imágenes relativas a los poderes creativos del inframundo.

FIGURA 2.4. Monumento 6 de La Venta que representa al Dragón olmeca, símbolo terrestre. Dibujo de Raúl Velázquez basado en Reilly, "Art, Ritual, and Rulership in the Olmec World", 1995, p. 35.

El sol, y por tanto la fuerza ígnea del fuego, fue otra de las potencias creadoras reverenciadas por los pueblos de Mesoamérica desde el origen. Olmecas, zapotecas, teotihuacanos y las demás etnias sucesivas exaltaron la sustancia y las cualidades del fuego en su cerámica, escultura, grabado y pintura mural. Cada hogar, adoratorio, templo y plaza de sus poblados tenía monumentos consagrados a su culto, con ritos especiales dedicados a festejar el nacimiento del sol, su arribo al cenit, el ocaso y su tránsito por el inframundo (figura 2.5).

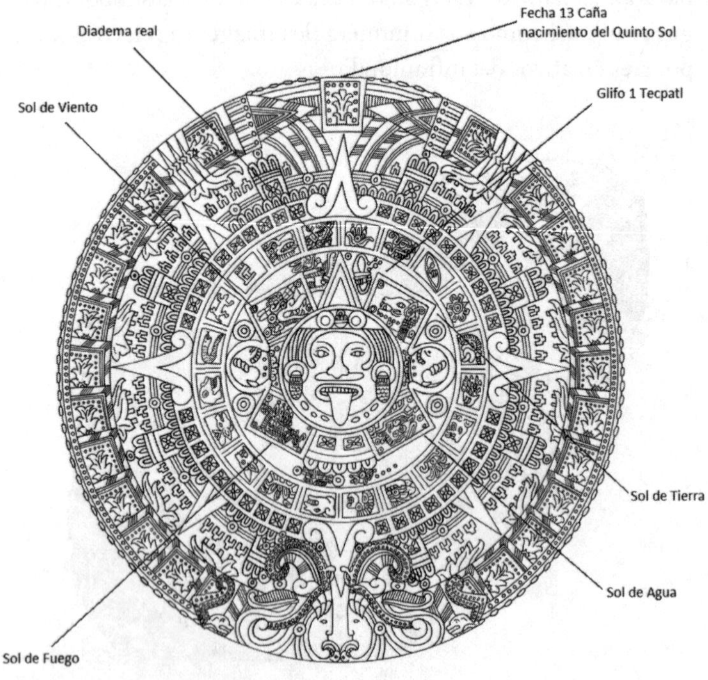

FIGURA 2.5. El Quinto Sol. En los cuadretes que rodean la cara central están representados, dispuestos de derecha a izquierda, los cuatro soles o eras anteriores del mundo, con sus fechas de creación: Sol de Tierra, Sol de Viento, Sol de Fuego y Sol de Agua. Dibujo de Raúl Velázquez basado en la llamada Piedra del Sol, monumento mexica del Museo Nacional de Antropología, y en Townsend, *The Aztecs*, 1992, p. 118.

El viento, fuerza invisible e inasible, fue una de las más poderosas y presentes divinidades en el pensamiento religioso de Mesoamérica. El epigrafista Karl A. Taube lo relaciona con el "concepto de aliento-alma que mantiene la vida y termina al morir". También está vinculado con la música, al vibrar por el aire en forma acústica, y con el aroma de las flores y el incienso, que se esparcen en el ambiente aéreo. Su poder más reconocido consistía en ser el portador y acarreador de la lluvia que fertilizaba la tierra y hacía germinar las plantas. Por ello el dios del viento en su figura humana con una boca en forma de pico de pato es una de las deidades más antiguas representadas en piedra, barro o pintura. Su efigie recorre todos los tiempos y culturas bajo los nombres de I'k, 9 Viento, Ehécatl o Quetzalcóatl (figuras 2.6 y 2.7).

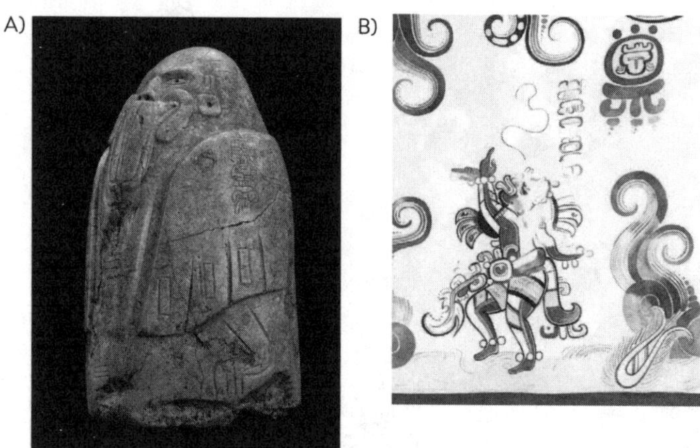

FIGURA 2.6. A) Estatuilla de los Tuxtlas, ejemplo de la deidad del viento con pico de pato del Preclásico tardío. Museo Nacional de Antropología. Imagen tomada de Mediateca INAH (CC BY-NC). B) Dios del viento con pico de pato danzando y cantando entre flores, en la parte superior derecha se ve el glifo del día 3 Ik. Murales de San Bartolo, 200-100 a.C. Dibujo de Heather Hurst tomado de Saturno, Taube, Stuart y Hurst, "The Murals of San Bartolo. Part 2: The West Wall", 2010, p. 105.

El agua, cuarto y último elemento de las fuerzas fundadoras, también se reverenció en los mitos de creación. Su poder determinante y vital para el mundo natural y los seres humanos fue enaltecido como potencia femenina con la denominación de diosa del agua, de la fertilidad y de la creación misma. Estuvo presente desde los tiempos más remotos y su culto es manifiesto en todas las regiones de Mesoamérica. En Teotihuacán fue una magna deidad, llamada Gran Diosa o Diosa del Agua (figura 2.8).

Figura 2.7. Evolución temporal de la imagen del dios del viento con pico de pato. Dibujo de Karl Taube tomado de Taube, *Studies in Ancient Mesoamerican Art and Architecture*, 2018, p. 38.

FIGURA 2.8. Pintura mural de la Gran Diosa que celebra un acto de fertilidad de las aguas y fecundación de las plantas, en Tepantitla, Teotihuacán. De su penacho brotan las ramas de un árbol cósmico florecido y rodeado de pájaros y mariposas. Dibujo de Carlos Ontiveros basado en la reproducción que se encuentra en el Museo Nacional de Antropología.

LA CREACIÓN DEL COSMOS MAYA EN JEROGLÍFICOS
(690-692 DE LA ERA ACTUAL)

Palenque, una de las bellas ciudades mayas edificadas en la sierra próxima al Golfo de México, se eleva sobre una pendiente de suaves colinas regada por las aguas cristalinas del río Otolun. Quizá por esos atractivos sus primeros pobladores no dudaron en asentar en este escenario imponente la capital del reino que conocemos con el nombre de Palenque y que ellos llamaron Lakamha', "agua grande". Los dirigentes agregaron a la exuberancia del paisaje un conglomerado de espléndidos palacios, templos, mausoleos, patios ceremoniales y canchas para el juego

43

de pelota. Y aunaron a esas construcciones magníficas esculturas de estuco policromado y tableros de piedra adosados a las paredes donde grabaron los actos memorables del reino y el retrato de sus *ajaws* (figura 3.1).

FIGURA 3.1. Litografía de las ruinas de Palenque de Jean-Frédéric Waldeck, el legendario conde francés que visitó esta ciudad y vivió en sus palacios derruidos. Imagen tomada de Iturriaga, *Litografía y grabado en el México del XIX*, 1993.

El más memorable de sus gobernantes fue K'inich Janaab Pakal (615-683) (figuras 3.2 y 3.3). A él se debe toda una nueva configuración política, social y artística del reino, patente en el palacio real (figura 3.4) y el llamado Templo de las Inscripciones, su mausoleo (figura 3.5). En los tableros de la parte superior de este edificio Pakal reescribió la historia de Palenque, borró sus derrotas anteriores y magnificó su momento de esplendor.

FIGURA 3.2. A) K'inich Janaab Pakal adolescente. B) Imagen de Pakal adulto. C) Máscara funeraria del rey Pakal, encontrada en su tumba. Museo Nacional de Antropología. Imágenes tomadas de Mediateca INAH (CC BY-NC).

FIGURA 3.3. Entronización de K'inich Janaab Pakal I en la llamada Tableta Oval de Palenque. El joven ajaw recibe de su madre el tocado real sentado en el Trono de Jaguar, donde fueron entronizados los soberanos que le siguieron. Dibujo de Raúl Velázquez basado en Schmidt, de la Garza y Nalda (eds.), *I maya*, 1998, p. 298.

FIGURA 3.4. Reconstrucción del palacio real de Palenque (derecha). Imagen tomada de Stuart y Stuart, *Palenque*, 2008, p. 123, lámina 15.

Al inicio de la última década del siglo xx, la epigrafista Linda Schele publicó *A Forest of Kings*, un libro que cambió la concepción que entonces había del mundo maya. Linda logró descifrar la escritura jeroglífica del mito más antiguo acerca de la creación del cosmos que hoy tenemos. Así pudo reconocer y revelar que K'inich Kan Bahlam, hijo y sucesor del legendario Pakal, se propuso contravenir los problemas de legitimidad que habían dificultado su ascenso al trono mediante la construcción de tres espléndidos templos en el centro ceremonial de Palenque: el Templo de la Cruz (figura 3.6), el Templo de la Cruz Foliada (figura 3.7) y el Templo del Sol (figura 3.8). Con su edificación,

K'inich Kan Bahlam proclamó que los dioses protectores de Palenque habían establecido su propia casa en el corazón de la ciudad, elaborando un vínculo que consagraba y fortalecía el prestigio del reino.

FIGURA 3.6. Templo de la Cruz en Palenque, Chiapas. D.R. © Gustavo Nacht / *Arqueología Mexicana* / Raíces.

FIGURA 3.7. Templo de la Cruz Foliada en Palenque, Chiapas. D.R. © Michael Calderwood / *Arqueología Mexicana* / Raíces.

Para culminar su propósito, Kan Bahlam ordenó la formulación de un nuevo discurso sobre el inicio de las dinastías de Palenque, que se sustentó en una interpretación del origen del cosmos. El texto jeroglífico tallado en estos edificios del año 692 es un relato que ata con precisión la creación y el ordenamiento del cosmos con los orígenes del poder dinástico de Palenque. Es el relato jeroglífico más antiguo que conocemos sobre la creación del cosmos y el principio de los reinos; una crónica que se aprovecha tanto de la arquitectura, la escritura jeroglífica, la escultura y el bajorrelieve como del rito para elaborar uno de los discursos más sofisticados y elegantes de Mesoamérica.

Esos testimonios, que apenas empezaron a descifrarse el siglo pasado, están plasmados en los tableros del Templo de la Cruz. Ahí se nombra al personaje mítico que algunos autores llaman Ixiim Muwaan Mat (Ave Muwaan-Mazorca de Maíz), indicando que nació poco antes del ordenamiento del mundo, esto es, el 8 de septiembre de 3114 antes de nuestra era (según el calendario juliano), o el 13 de agosto del mismo año (según el gregoriano). Ambas dataciones corresponden a una fecha mítica del calendario maya: 4 Ajaw 8 Kumku, que todos los textos y crónicas posteriores destacan como la del origen cósmico y del principio de la vida civilizada (figura 3.9).

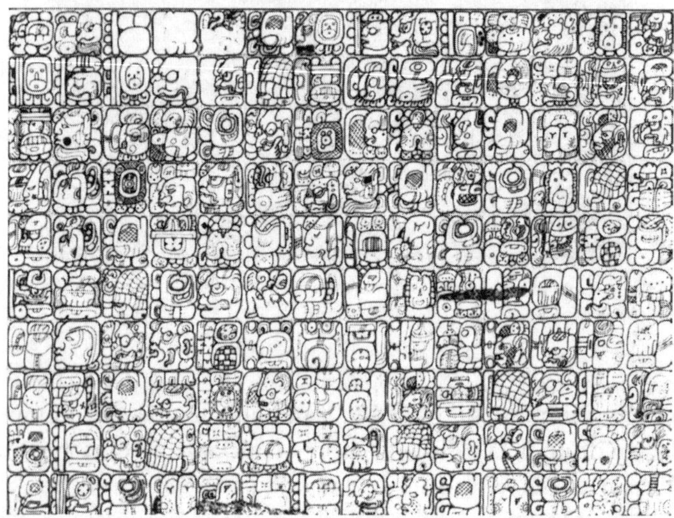

FIGURA 3.9. Tablero central del Templo de las Inscripciones que recoge 158 años de ritos reales dedicados a los dioses, la historia mítica de Palenque y la vida de Pakal. Imagen tomada de Stuart y Stuart, *Palenque*, 2008, figura 53.

A la edad de ocho años Ixiim Muwaan Mat pasó por un rito masculino de iniciación. Luego el texto señala que el 3 de marzo de 3112 antes de nuestra era el Dios Primero descendió del cielo hasta tocar la tierra donde se levantaría el Templo de la Cruz, el espacio sagrado de Matwiil y centro mismo de Palenque. Al parecer este descenso obedeció a la intención de recoger una ofrenda que había depositado ahí. En el 10 de noviembre de 2360 antes de nuestra era, 750 años después del acontecimiento anterior, hay una representación diferente del Dios Primero, "el que tocó la tierra por primera vez el año 3112 antes de nuestra era, bajó del cielo y tocó la tierra de Matwiil".

La interpretación más reciente propone que Ixiim Muwaan Mat, una figura mítica, fue el creador en la oscuridad "del Dios Primero". En el tablero del Templo de la Cruz se registra su entronización, o "anudamiento de la diadema señorial", como Sagrado Gobernante de Matwiil el día 7 de septiembre de 2325 antes de nuestra era, cuando habría tenido la dilatada edad de 795 años.

Según esta lectura, Ixiim Muwaan Mat es el dios inicial, el originador de la tríada, equivalente a Itzamnaaj, el dios supremo de los mayas en la época Clásica. A él le siguieron el Dios Primero ("segundo"), quien bajó a Matwiil el 10 de noviembre de 2360 antes de nuestra era. Más tarde llegó al espacio sagrado de Matwiil el Dios Tercero, el Sol Jaguar del inframundo, quien nació el 14 de noviembre del mismo año; y por último el Dios Segundo, Unen-K'awiil, "el Joven Bebé-K'awiil", quien nació el 28 de noviembre de 2360 antes de nuestra era.

De acuerdo con esta cosmogonía grabada en los templos de la Cruz, de la Cruz Foliada y del Sol, los dioses protectores de Palenque llegaron al territorio de Matwiil poco después de la creación del cosmos (3114 antes de nuestra era), entre el 10 y el 28 de noviembre del año 2360 antes de nuestra era. Pero el acontecimiento central que se narra en los textos y la iconografía de los tres templos es la creación de sus "casas" o templos, llamados *pib-naah*, "casa subterránea", equivalente a la cueva mítica, el lugar del nacimiento o del origen (figura 3.10).

Cada uno de estos templos, ubicados en el territorio sagrado de Matwiil, tenía su *pib-naah* en la parte superior del santuario. Así, el Templo de la Cruz albergó a la deidad celeste suprema (Itzamnaaj); el de la Cruz Foliada, al dios Unen-K'awiil, cuyo templo fue llamado la "Casa de las Cañas Amarillas [maduras] del Maíz", o "Casa de las Cañas Preciosas", y finalmente el Templo del Sol fue la casa del Dios Tercero, el Sol Jaguar del inframundo. Así, los templos representaban cada uno de los tres niveles del cosmos (cielo-tierra-inframundo), y el sitio de

Figura 3.10. Monumentos esculpidos en el *pib-naah* del Templo de la Cruz. Dibujo de Tatiana Proskouriakoff. Imagen tomada de Proskouriakoff, *An Album of Maya Architecture*, 1946, p. 13.

los dioses en ellos manifestaba la correspondiente jerarquía, con el predominio del Dios Primero, la versión palencana del máximo dios celeste.

Como es posible observar en estos pasajes, construir, mantener y sacralizar la casa de los dioses eran tareas imprescindibles para la creación de deidades en esta época. Por ello, según el arqueólogo Guillermo Bernal Romero, K'inich Kan Bahlam fue considerado un "sustentador de los dioses; literalmente, como una madre de las deidades, que tiene el deber de alimentarles".

Otro requisito indispensable en la deificación de entes era el ceremonial. Un momento decisivo del origen de la Tríada de Palenque fue la serie de actos que se llevaron a cabo para albergar en un sitio especial la esencia y la imagen corporal de los dioses (figura 3.11).

FIGURA 3.11. Los dioses de la Tríada de Palenque. A) Dios Primero. B) Dios Segundo. C) Dios Tercero, K'inich ajaw, dios sol del inframundo. Imagen tomada de Stuart, *The Inscriptions of Temple XIX at Palenque*, 2005, pp. 166, 175, figuras 134 y 142, y Sharer y Traxler, *The Ancient Maya*, 2006, figura 13.6 b.

Guillermo Bernal Romero ha mostrado que el primer paso para recibir a los dioses en su alojamiento final era la cocción de los incensarios donde se manifestaría y permanecería su esencia. Las últimas etapas de esa quema se hacían con ceremonias presididas por el *ajaw* del reino (figura 3.12). El 20 de julio de 690 K'inich Kan Bahlam presidió la ceremonia de prender el horno, y el 7 de enero de 692 consumó la de consagración de los *pib-naah* en cada uno de los tres templos. Advierte Bernal que en los tableros de dichos templos está inscrito que "en la fecha 5 Eb' 5 K'ayab'", la deidad regente de cada uno de los templos se instaló en su incensario e hizo su entrada al *pib-naah*, que "era 'su casa' y que comenzó a habitar".

FIGURA 3.12. Portaincensarios monumentales encontrados en Palenque. Museo Nacional de Antropología. Imágenes tomadas de Mediateca INAH (CC BY-NC).

Lo anterior indica que ese día los tres dioses "trasladaron su esencia-presencia desde sus respectivos hábitats del cosmos hacia estas casas terrenas: [Dios Primero], desde el cielo; Unen-K'awiil [Dios Segundo], a partir de la tierra, y [Dios Tercero], desde las profundidades del inframundo". Concluye Bernal Romero: "el Grupo de las Cruces fue el espacio de creación donde periódicamente se propiciaba, a través del ritual, la regeneración o renacimiento de los dioses, de la naturaleza, de la propia estirpe humana y del cosmos". Junto a este mensaje teológico, K'inich Kan Bahlam mandó estampar en cada tablero central de los tres templos sus derechos legítimos al trono de Palenque, constatando su ascenso al poder con todos los ornamentos de su cargo (figuras 3.13, 3.14 y 3.15).

FIGURA 3.13. Escena del Tablero de la Cruz. A la izquierda se ve a K'ihnich Kan Bahlam joven, en un rito de iniciación. A la derecha se le aprecia como hombre maduro, en el momento de su ascensión al poder el año de 684. Imagen tomada de *The Linda Schele Drawings Collection*, 2000 © David Schele.

FIGURA 3.14. Escena del Tablero del Templo de la Cruz Foliada, llamada "Lago precioso de la Planta del maíz". A la izquierda K'ihnich Kan Bahlam, parado sobre la "Montaña del Maíz", lleva el faldellín del dios. A la derecha su efigie de joven. En el centro la planta del maíz como árbol de los mantenimientos. Imagen tomada de *The Linda Schele Drawings Collection*, 2000 © David Schele.

El códice mixteco sobre la creación del cosmos y el principio de los reinos (1000-1200 de la era actual)

En las entonces fértiles tierras de la Mixteca oaxaqueña, unos tres siglos después de que se escribiera el texto palencano en jeroglíficos e imágenes, los dirigentes de los pequeños pero abundantes señoríos mandaron elaborar testimonios pictóricos que reproducen la consigna de K'inich Kan Bahlam. Entre los años 800 y 1000 de la era actual, acuciados por el deseo de perpetuar la memoria de sus señoríos y sancionar su ascendencia divina, los nobles mixtecos ordenaron hacer libros pintados que fijaran la remota fundación del reino y detallaran la genealogía de la casa real.

Sin las precisiones numéricas y cronológicas que presume el texto maya, los libros mixtecos cuentan la misma historia en coloridas figuras que registran los nombres y parentelas de los linajes gobernantes, y la fecha de los acontecimientos trascendentes. De los pocos libros de este género que se libraron de la destrucción de la Conquista y el celo de los frailes evangelizadores, sobresale el *Códice Vindobonensis*, el más acabado y bello del grupo. Sus tres partes son reveladoras de la composición narrativa y los afanes memoriosos.

Principio y ordenación del cosmos

Alfonso Caso, arqueólogo, historiador y fundador de instituciones culturales, fue uno de los primeros en reparar en el carácter histórico de estos documentos. Supo advertir que los libros mixtecos relativos a la fundación de los reinos y las dinastías comenzaban con un prólogo en el cielo. En el *Códice Vindobonensis* este asunto es evidente en la figura de dos parejas primordiales que conversan en lo alto de los cielos. La primera, formada por el Señor 1 Venado y la Señora 1 Venado, procrea divinidades relacionadas con el viento y las fuerzas celestes (figura 4.1). La segunda, integrada por el Señor 8 Lagarto y la Señora 4 Perro, genera espíritus vinculados con la fertilidad, el maíz y las piedras preciosas. En este caso, como en mitos cosmogónicos posteriores, las dos parejas divinas significan la oposición entre las potencias celestes y las del inframundo.

El texto presenta después la imagen de una Gran Piedra de Pedernal procreada por la segunda pareja y de la que nace 9 Viento, dios que inicia la creación de la tierra, los seres humanos y los reinos mixtecos. Sigue una serie de imágenes de carácter sobrenatural sobre las prodigiosas tareas emprendidas por 9 Viento que constituye el relato más completo de las acciones de un dios que se haya registrado en los antiguos mitos cosmogónicos. El códice dice que 9 Viento nació el año 10 Casa, día 9 Viento, de este Gran Pedernal (figura 4.2).

FIGURA 4.1. La pareja primordial del cosmos mixteco, el Señor 1 Venado y la Señora 1 Venado. Imagen tomada de Anders, Jansen y Pérez Jiménez, *Códice Vindobonensis*, 1992, lámina 51.

FIGURA 4.2. Momento en que 9 Viento nace de un pedernal, el año 10 Casa, día 9 Viento. Como se advierte, la piedra de pedernal aparece humanizada. Imagen tomada de Anders, Jansen y Pérez Jiménez, *Códice Vindobonensis*, 1992, lámina 49.

Dieciséis imágenes describen las múltiples cualidades atribuidas a este personaje portentoso. Una página muestra la imagen de 9 Viento desnudo en el piso más alto de los cielos conversando con la pareja de dioses primordiales, quienes le dan instrucciones y le otorgan sus atavíos (figura 4.3).

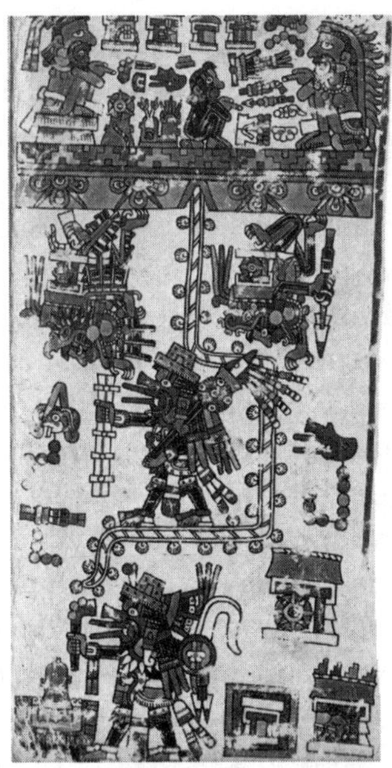

FIGURA 4.3. En la parte superior 9 Viento recibe en el cielo nocturno los atavíos que lo identificarán como el héroe cultural más importante de la cosmogonía mixteca. Abajo, se manifiesta en la tierra, vestido con todos sus ornamentos y símbolos. Imagen tomada de Anders, Jansen y Pérez Jiménez, *Códice Vindobonensis*, 1992, lámina 48.

El códice pinta cada uno de los atavíos, que conviene enumerar porque algunos de ellos repiten los del sacerdote Quetzalcóatl de los toltecas de Tula y de los mexicas:

- El vestido ceremonial.
- Los ornamentos de caracol y de concha para el pecho.
- La flecha y el lanzadardos.

- El ornamento de plumas negras para la nuca.
- El tocado cónico de piel de jaguar.
- La máscara bucal del dios del viento.
- Los brazaletes de plumones.
- La macana incrustada de turquesas.

Luego el códice presenta la imagen etérea de 9 Viento al descender con majestad del cielo a la tierra por una abertura de la bóveda celeste. Un cordón precioso que se desprende de ahí simula una escalera, y por ella baja el dios, quien viste magníficos atavíos, empuña un rollo de papel y carga el Bastón Cosmológico, símbolo de los cinco puntos del cosmos.

La fecha de su arribo a la tierra es el año 6 Conejo, día 5 Caña, y lo recibieron con respeto otros personajes. Enseguida, en el año 10 Casa, día 2 Lluvia, cargó una parte del cielo colmada de agua (figura 4.4). Algunos autores interpretan esta escena como el acto de llevar el agua a la tierra, pues sigue una serie de imágenes que indican la formación de ríos, mares y aguas pluviales en la tierra mixteca. Otros ven en ella el momento en que 9 Viento levanta el cielo, que según otros relatos de creación se había desplomado en el último diluvio, y lo separa de la superficie terrestre.

FIGURA 4.4. 9 Viento carga una parte de la bóveda celeste colmada de agua. Imagen tomada de Anders, Jansen y Pérez Jiménez, *Códice Vindobonensis*, 1992, lámina 47.

A continuación, el códice enumera las características de las diversas regiones de la tierra mixteca, repartidas en los cuatro rumbos cardinales. Al nombrarlas compone una suerte de catálogo de los distintos suelos de esa geografía y un "elogio de la patria mixteca", según los comentaristas del códice.

Origen de los hombres y mujeres mixtecos

Una vez ordenados los distintos ámbitos del cosmos y dotada la tierra de sus atributos germinales, el códice relata la aparición de los primeros seres humanos. En este acto, también presidido por 9 Viento, forma parte central la imagen de un gran árbol de cuya abertura superior brota una nueva humanidad (figura 4.5).

FIGURA 4.5. Lámina en la que se ve el árbol de Apoala con una hendidura de la que brotan los linajes nobles mixtecos. Imagen tomada de Anders, Jansen y Pérez Jiménez, *Códice Vindobonensis*, 1992, lámina 37.

El códice enumera a 51 personajes nacidos de ese árbol genésico, llamado Apoala. La parte central de esta sección se ocupa en describir a los personajes nobles que fundan las dinastías mixtecas.

El *Códice Vindobonensis* asigna un lugar importante a las ceremonias del Fuego Nuevo y hace figurar a 9 Viento como el personaje principal de la primera de ellas, celebrada en el año 6 Conejo, día 3 Lagarto (figura 4.6). Luego, en otro acto ceremonial, 9 Viento ejecuta el rito tolteca de la perforación de las orejas a los señores, para ascenderlos en rango y volverlos nobles. En adelante otorga títulos a 44 personajes en el pueblo de Apoala.

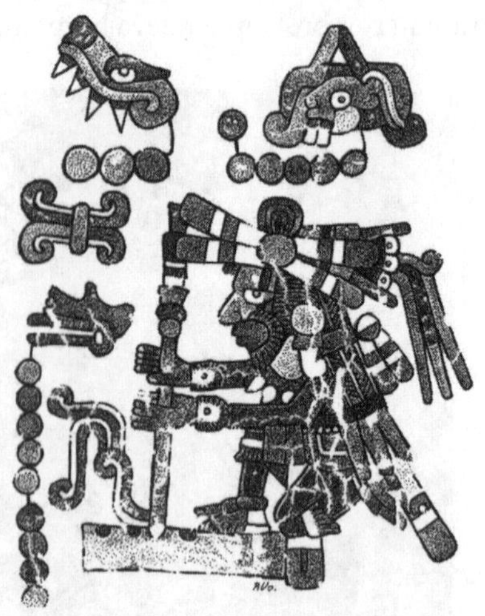

Figura 4.6. Ceremonia del Fuego Nuevo. 9 Viento enciende el primer fuego el día 3 Lagarto del año 6 Conejo. Dibujo de Raúl Velázquez basado en Anders, Jansen y Pérez Jiménez, *Códice Vindobonensis*, 1992, lámina 32.

Apoala es un centro sagrado de esta región y ahí se celebran por primera vez los rituales de la lluvia y de la cosecha del maíz, dos grandes fiestas del ciclo agrícola. Como explican los comentaristas del códice, en estas ceremonias se advierte que el escriba realiza la transcripción de los himnos emanados de bailes y danzas. La parte final de esta sección está consagrada a los ritos del pulque y los hongos alucinógenos.

La aparición del sol y el principio
de los reinos y las dinastías

Precisan las cuentas del códice que el año 13 Conejo, día 2 Venado, fue una fecha sagrada en que el sol se elevó dejando atrás "un camino de sangre", la señal metafórica de su nacimiento luminoso (figura 4.7).

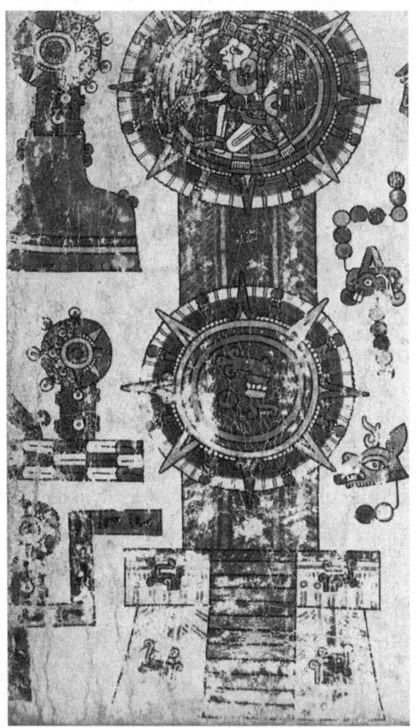

Figura 4.7. Aparición del sol en el *Códice Vindobonensis*. Imagen tomada de Anders, Jansen y Pérez Jiménez, *Códice Vindobonensis*, 1992, lámina 23.

Esta parte del códice se ocupa de la enumeración de las diversas ceremonias conmemorativas del nacimiento de los señoríos y las primeras dinastías en los cuatro rumbos cardinales de la Mixteca. Las últimas páginas del anverso remiten a cuatro lugares y sus fechas de fundación. La segunda sección, integrada por 13 páginas pintadas en el reverso, contiene la historia de la dinastía de Tilantongo, también registrada en los códices *Bodley*, *Nuttall* y en el *Mapa de Teozacoalco*. Tilantongo, un señorío antiguo, fue la capital de las tres regiones de la Mixteca y el lugar donde se había erigido el templo de 9 Viento.

Con los datos que obtuvo de estos documentos, Alfonso Caso emprendió su famosa reconstrucción de los *Reinos y reyes de la Mixteca*. De modo similar a los grabados inscritos en los templos de Palenque, el *Códice Vindobonensis* da inicio a su relato con la creación y organización del cosmos y lo termina con la historia de los reinos. El claro propósito de estos testimonios pictográficos fue la constancia de que los reinos eran obra de los dioses y que los linajes gobernantes descendían en línea directa del carismático 9 Viento, dios cuyo simbolismo reunía los valores más venerados por el pueblo mixteco.

La figura de 9 Viento que proyectan el *Códice Vindobonensis* y otros documentos es extraordinaria. Su origen mismo es un auténtico portento, pues brota de un mineral. Luego de su alumbramiento recibe la protección divina de los creadores, quienes lo instruyen en sus deberes. Aun antes de actuar, ya posee tintes sublimes; entre los muchos títulos que se le atribuyen, sobresalen los de Señor de Jade, Señor Sacrificador, Señor Conquistador, Señor que sabe palabras hermosas, Señor de cuyo pecho brotan cantos, Señor que escribe con la tinta roja y negra, Señor que carga el Ñuhu [la deidad] en su pecho, Maestro de la palabra elocuente y la escritura recóndita (figura 4.8). El personaje porta en su pecho la sabiduría. Cuando finalmente 9 Viento hace su aparición en la tierra mixteca, su primer acto es dotar a la región de agua, asignándole sus diversas texturas y cualidades.

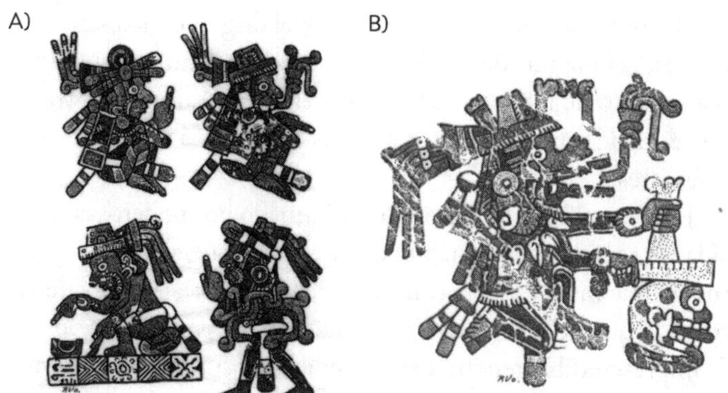

FIGURA 4.8. A) Representaciones de 9 Viento como creador y ejecutor de cantos, poesías y pinturas. B) 9 Viento canta y toca con la mano derecha un tambor en forma de calavera. Dibujos de Raúl Velázquez basados en Anders, Jansen y Pérez Jiménez, *Códice Vindobonensis*, 1992, láminas 24 y 48.

En este relato casi desaparecen los dioses cósmicos. En cambio, su lugar lo ocupa 9 Viento, un dios más cercano a las necesidades de los seres terrestres, quien preside el nacimiento de una nueva humanidad en la región mixteca, lleva el fuego a la tierra y enseña a sus pobladores los beneficios de las plantas. Su presencia pródiga acompaña el momento estelar de la aparición del sol y la creación de los reinos mixtecos y sus dinastías. Así es posible advertir que 9 Viento es el arquetipo del héroe cultural de los mitos mesoamericanos, donde la figura del héroe cultural es relevante, cualesquiera que sean los nombres que la denominen: 9 Viento, Quetzalcóatl, Ehécatl, Kukulcán, Nácxit… etcétera.

El mensaje de los mitos de creación

Los mitos de creación tienen una estructura narrativa común, cuyo propósito es contar el origen de tres acontecimientos fundadores: la creación del universo; el origen de los seres humanos, las plantas de cultivo y el sol, y por último, detallan el nacimiento de los reinos. Esta secuencia narrativa es la trama que dota de unidad a relatos nacidos en tiempos y culturas muy diferentes.

El contenido del mito está determinado por poderosas necesidades sociales. El principio de la sobrevivencia colectiva es la fuerza que mueve los mecanismos de la memoria social y determina lo que debe recordarse, lo que hay que conservar y lo que es imprescindible repetir a las generaciones futuras. Quizás aun desde los tiempos de los cazadores y recolectores las tribus comenzaron a conformar un relato que contuviera los orígenes del grupo y su relación con el cosmos y la naturaleza. Sin embargo, la invención de la agricultura acendró la compulsión de ordenar y recordar los conocimientos básicos, volviéndola más exigente. El mismo trabajo agrícola produjo e impuso un calendario de actividades distinto al establecido por el solo movimiento de los astros, y la memorización de sus variadas fases requirió crear maneras de recordar artificiales y regulares, como esa misma calendarización.

El mito de la creación tiene la particular virtud de integrar las diferentes creaciones en una sola narración que da cuenta de todo lo originado. Presenta el universo como algo sostenido por el poder divino de los creadores, quienes lo organizan conforme al modelo del propio reino local. Del mismo modo en que el orden social es regido por un dirigente que acumula en su persona el poder militar, político, religioso y administrativo, así también el universo es manejado por los dioses todopoderosos.

Otra cuestión característica de los mitos de creación es la reiteración de la procedencia divina de los seres humanos y su correspondiente obligación de trabajar esforzadamente para así poder reproducirse y honrar a sus creadores. En cuanto criaturas que forman parte del universo, están vinculadas a los dioses, e integradas a la naturaleza y a los demás seres humanos que lo pueblan.

El discurso del mito de creación centra sus recursos narrativos en la historia de un pueblo, se empeña en contar su memoria, describir el territorio y exaltar los valores que le dieron sustento. Si tomamos el mito más completo que ha sobrevivido, el narrado en el *Popol Vuh*, es posible notar que luego de la creación primordial sigue un relato que cuenta la trayectoria de los quichés, desde su origen hasta la invasión española, en el territorio conquistado por ese grupo en la parte central de la actual República de Guatemala. Al ocuparse de un pueblo y un territorio durante un periodo extenso (1200-1560), proporciona información de excepcional valor sobre el desarrollo histórico de los quichés. Como fue un pueblo descendiente de la gran cultura maya que floreció en el sur de Mesoamérica durante los primeros siglos de la era actual, el *Popol Vuh* tiene una importancia testimonial privilegiada por el flujo de conocimiento que pasó de la antigüedad clásica hacia las sociedades del periodo Posclásico.

El *Popol Vuh* es un compendio de diversas tradiciones, un heredero de los antiguos mitos cosmogónicos que se entrelaza con las nuevas formas de legitimar el poder, una mezcla de episodios legendarios con crónicas históricas, un catálogo de ritos y fiestas populares, un archivo del idioma quiché que contiene la primera transcripción de la lengua en alfabeto latino, junto con otros tesoros de la expresión oral, y un haz de tradiciones imbuidas de un profundo sentimiento de distinción étnica.

Es probable que tanto el *Códice Vindobonensis* de los mixtecos como el *Popol Vuh* de los quichés, compuestos entre los siglos xiii y xv, hayan seguido en su composición las pautas de la escritura que floreció en la época Clásica. En el caso de los textos nahuas que narran la creación del universo y el principio de los reinos, los estudios recientes reconocen que la llamada *Historia de los mexicanos por sus pinturas* utilizó códices antiguos que a su vez se nutrieron en la tradición oral y escrita.

Fray Francisco Ximénez, el primer copista y traductor del *Popol Vuh*, al iniciar sus indagaciones entre los quichés para saber cómo habían conocido y transmitido sus antiguas historias, alude a las dos formas más conocidas de difusión del pasado en el pueblo maya: la oral y la escrita. La segunda, como deja entrever el fraile, implicó uniformar las diferentes versiones propias de cada señorío y región en una sola crónica. Este relato, al ser propagado por los dirigentes a través de distintos medios (códices, ritos, festivales conmemorativos, leyendas, cantos, obras y escenificaciones teatrales), devino la versión canónica del principio del mundo y de los orígenes, conquistas y glorias del pueblo quiché.

Los lenguajes, sean orales, plásticos o escritos, son creaciones sociales cuya función primordial es servir a la colectividad. En primer lugar, registran la propia lengua, las tradiciones y los conocimientos indispensables para la continuidad étnica. Y de manera gradual, generación tras generación, se lleva a cabo una selección de las experiencias que resultan vitales para la sobrevivencia común, condensándolas en el mensaje más sencillo y fácil de transmitir, el de mayor aceptación y reconocimiento.

Eric Havelock, estudioso de los procesos de conservación de la memoria en la Grecia antigua, detectó que la efectividad del mensaje dependía de los siguientes requisitos: ser estable, repetirse de generación en generación y garantizar fidelidad a la voz colectiva de origen. Es decir, no puede dejar de ser el transmisor obsesivo de los valores y las tradiciones que sustentan al grupo.

Cabe afirmar entonces que el vivo interés por almacenar, ordenar y transmitir la memoria colectiva que manifestaron los olmecas, zapotecas, mayas, mixtecos, quichés, nahuas y demás pueblos de Mesoamérica es la causa remota que originó el mito cosmogónico, tanto en sus versiones orales, visuales o escritas. La primera versión, la oral, derivó más tarde en el códice jeroglífico y éste se convirtió en una suerte de enciclopedia que contenía los valores sustanciales que cohesionaban al grupo étnico, el señorío o el reino. Ahí se resumían y explicaban las relaciones de esos pueblos con los dioses, el espacio, el medio ambiente propio y los pueblos vecinos. Desde entonces, el códice estableció un canon, un modelo estable que fijó el contenido, la composición y el estilo del relato que divulgaba los orígenes del universo y la creación de los primeros reinos. El códice se convirtió en la obra que procuró la conservación y transmisión efectiva de esa sabiduría, el libro básico que atesoraba la memoria del grupo organizado por la política.

El mito palencano, el *Códice Vindobonensis*, el mito del *Quinto Sol* o el *Popol Vuh* se volvieron "El Libro" de esos pueblos que expresaron sus fabulaciones con gran arte oral, visual y escrito, usando refinados recursos que grababan de forma indeleble los acontecimientos en la mente y los transmitían con notable economía y vigor. G. S. Kirk, el estudioso del lenguaje del mito, ha señalado que los mitos son, por una parte, relatos bien contados, y por otra, portadores de ideas importantes acerca de la vida en general y de la vida social en particular. O, con las palabras de Vladimir Propp: "los mitos constituyen, literalmente, el tesoro más precioso de la tribu. Se refieren al núcleo mismo de lo que la tribu venera como su cosa más sagrada".

Podríamos concluir entonces que los mitos de creación y fundación de los reinos fraguados en los ritos, calendarios, el trazo urbano, los templos de Palenque, el *Códice Vindobonensis*, en el *Popol Vuh* y los relatos nahuas fueron el múltiple medio en el que esos pueblos manifestaron, acumularon y acendraron su distinción olmeca, palencana, mixteca, quiché o nahua; la síntesis de los valores que los habían formado, con el arte privilegiado para transmitir esa suma civilizatoria a las generaciones del porvenir.

Dioses y héroes

El mito del dios del maíz

El relato del nacimiento, muerte y resurrección del dios del maíz es el mito más antiguo y extendido en el territorio mexicano. Tuvo su origen en Mesoamérica cuando la planta empezó a ser cultivada hace unos 5 000 años, y hoy lo conocemos bajo la forma de mito, la voz más antigua para contar hechos maravillosos, reales o imaginarios que emplearon los pueblos como parte de su memoria colectiva.

El mito de la creación del universo es la historia fundacional de las antiguas culturas de Mesoamérica (figura 5.1). En él se dice, se pinta o se escribe con jeroglíficos el surgimiento de la tierra, la creación del cielo y del inframundo, los episodios inaugurales que preparan el nacimiento de los hombres y también de la planta del maíz divinizada.

En la selva del Petén guatemalteco se descubrió el bello mural de San Bartolo, que data de entre 200 y 100 años antes de la era actual. Ahí están representados los dioses de los cuatro árboles que sostienen el cielo y derraman la sangre de su pene como sacrificio para propiciar el ordenamiento del mundo (figura 5.2). De igual modo, se ilustra el surgimiento de la tierra como Montaña Primordial; la montaña mítica que guardaba los

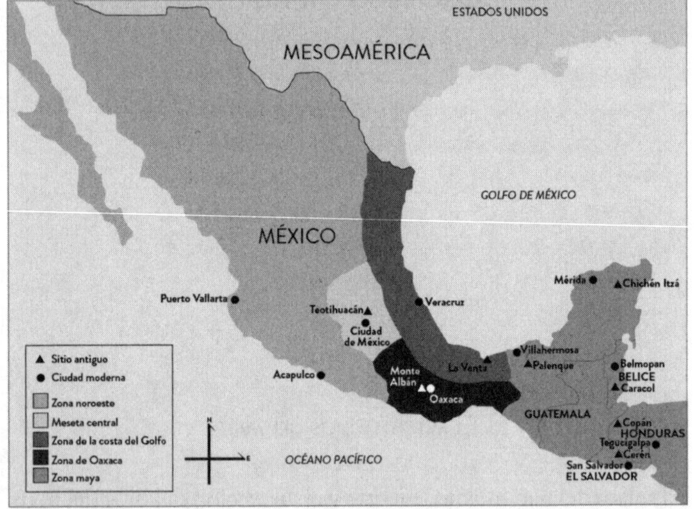

FIGURA 5.1. Mapa de Mesoamérica. Basado en «http://www.famsi.org/spanish/maps/index.html».

alimentos esenciales y era símbolo del asiento humano, el centro ceremonial y político de los pueblos de Mesoamérica. Estas escenas, muy armoniosas y coloreadas, tienen antecedentes en la cultura olmeca.

El dios del maíz ejemplifica cómo se construye un mito, qué partes lo componen, cómo se conserva en la memoria y cómo va transmitiéndose entre generaciones. Es un relato muy antiguo, pues se fraguó al mismo tiempo que el cultivo paulatino del maíz hace miles de años, aunque se sigue contando hoy en diversas partes de México y Centroamérica.

Los arqueólogos han fechado las imágenes iniciales de la planta bajo la forma del dios del maíz entre 1500 y 1000 antes de la era actual. Sus investigaciones encontraron esas primeras imágenes ya divinizadas del maíz en la llamada cultura olmeca, la más antigua de Mesoamérica.

Los olmecas crearon aldeas que luego se desarrollarían como señoríos y reinos en Veracruz y Tabasco, donde llegaron a edificar

FIGURA 5.2. Cuatro personajes haciendo el sacrificio de derramar sangre de su pene ante cuatro árboles cósmicos plantados en las cuatro direcciones del cosmos. Dibujos de Heather Hurst tomados de Saturno, Taube, Stuart y Hurst, "Los Murales de San Bartolo, El Petén, Guatemala. Parte 2", 2010, pp. 100-106.

grandes ciudades como San Lorenzo Tenochtitlan y La Venta. El núcleo del centro ceremonial de La Venta (figura 5.3) era la Montaña Primordial, en cuya base se plantaron estelas con la efigie del dios del maíz. A su alrededor levantaron plazas, patios y grandes monumentos dedicados a los antepasados y fundadores del pueblo. En el centro ceremonial se enterraron importantes ofrendas consagradas a los dioses de la tierra y la germinación de las plantas (figura 5.4).

Los campesinos olmecas estudiaron con aplicación los procesos de la formación de la planta del maíz y plasmaron los momentos del nacimiento, germinación y floración en grabados y esculturas. Con sus artes trazaron el origen de la semilla del maíz y su brote ya como planta en la superficie terrestre (figura 5.5).

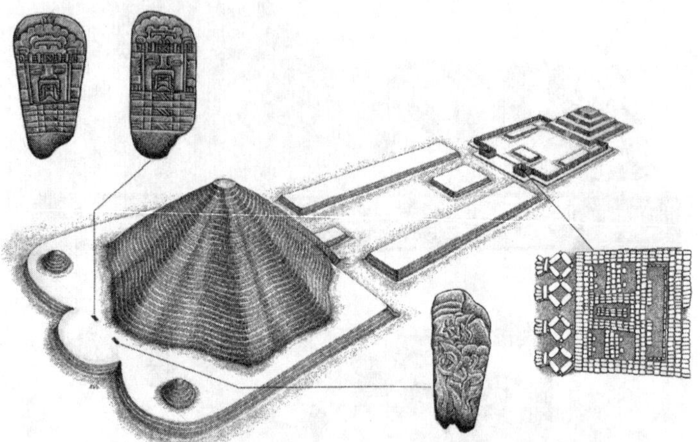

FIGURA 5.3. Reconstrucción de una parte del centro ceremonial de La Venta. Dibujo de Raúl Velázquez basado en Freidel, Parker y Schele, *Maya Cosmos*, 1993, p. 134, figura 3.4.

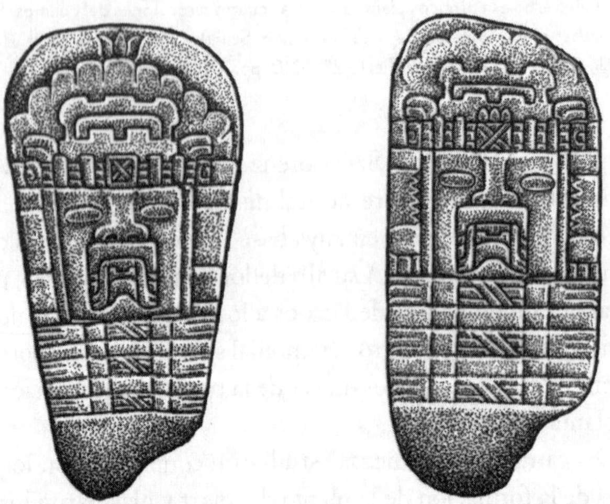

FIGURA 5.4. Representaciones del dios del maíz en dos estelas de La Venta. Estaban ubicadas al pie de la gran pirámide del centro ceremonial. Dibujo de Raúl Velázquez basado en Taube, "The Olmec Maize God", 1996, p. 56, figuras 13 b y c.

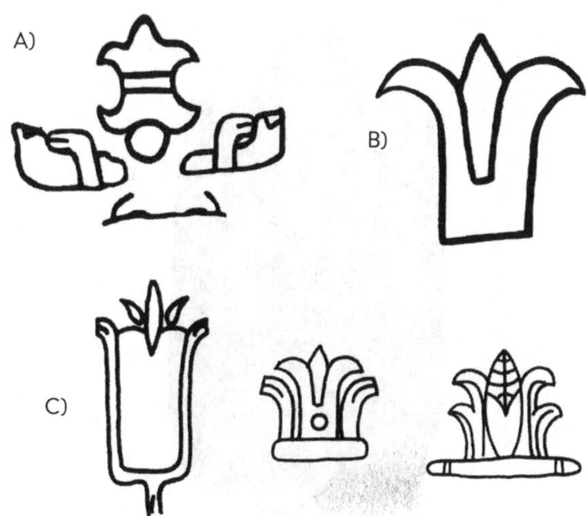

Figura 5.5. A) Maíz brotando de una hendidura de la tierra. B) Maíz naciendo, cubierto por dos hojas. C) Representaciones de la semilla y la mazorca del maíz flanqueadas por hojas. Imágenes A y B tomadas de Joralemon, *A Study of Olmec Iconography*, 1971, p. 13; C tomada de Taube, "The Olmec Maize God", 1996, p. 41, figura 3.

Cerca de La Venta, en un lugar llamado La Merced, las excavaciones arqueológicas descubrieron una escultura con la representación del dios del maíz, el cereal que entonces nutría a la mayoría de la población y cuya siembra no sólo promovió la milpa y las terrazas de cultivo, sino también los templos, palacios, plazas, pirámides y poblados. Es una de las primeras esculturas del dios del maíz y aparece retratado en forma de grano, con cuatro semillas estampadas en su cara y una mazorca que emerge de su cabeza (figura 5.6). Resulta una síntesis de la semilla original, el brote en la tierra y su transfiguración en imagen del dios.

Más tarde, la figura del dios del maíz se reprodujo en hachas de jade, hueso y otros materiales. En ellas se advierte la cara del dios rodeada de granos de maíz germinado, mazorcas que brotan de la parte superior de la cabeza o personajes que llevan en sus manos barras ceremoniales (figura 5.7).

FIGURA 5.6. Monumento 1 de La Merced, Veracruz. Dios del maíz olmeca. Dibujo de Raúl Velázquez basado en Rodríguez y Ortiz, "A Massive Offering of Axes at La Merced, Hidalgotitlán, Veracruz, Mexico", 2000, figura 13.

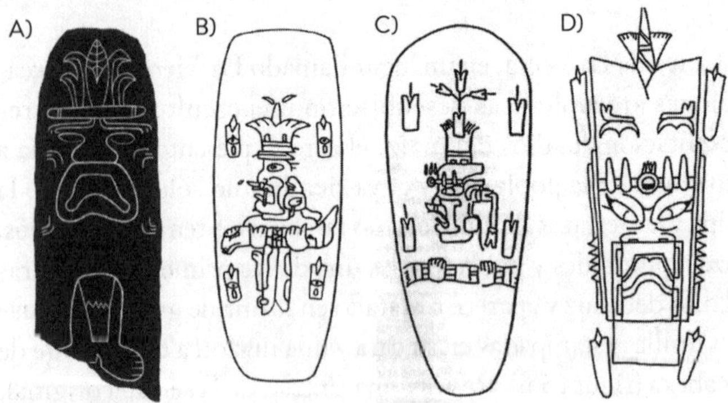

FIGURA 5.7. Representaciones del dios olmeca del maíz en celtas o hachas de jadeíta. Dibujos de Raúl Velázquez basados en A) Soustelle, *Los olmecas*, 1992, figura 63; B, C y D) en Taube, "The Olmec Maize God", 1996, p. 40, figuras 2 c, d y e.

Otras representaciones del dios del maíz se esculpieron en grandes monumentos de piedra, como en Pajapan, Veracruz, y en Teopantecuanitlán, Guerrero, y muestran la divulgación de su efigie más allá de las fronteras olmecas (figura 5.8). La escultura de Pajapan presenta a un personaje en actitud de levantar un árbol cósmico y cuyo tocado es una representación del dios del maíz. El Monumento I de Teopantecuanitlán es la imagen frontal de este dios, cuya frente está ceñida por una banda que enlaza cuatro granos de maíz germinados.

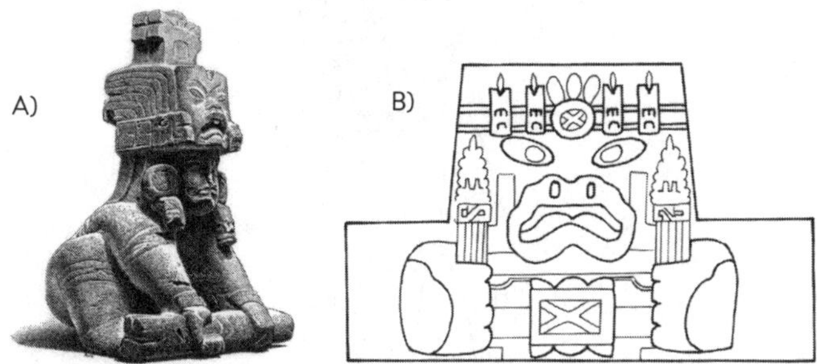

Figura 5.8. A) Escultura de Pajapan. B) Monumento I de Teopantecuanitlán. Dibujos de Raúl Velázquez basados en Fuente, "San Martín Pajapan Monument 1", 1996, p. 162, y Martínez Donjuán, "Teopantecuanitlán, Guerrero: un sitio olmeca", 1982, figura 4.

Muchas de estas figuras estaban hechas de piedras verdes de serpentina o jadeíta, las más valiosas para los olmecas por considerar ese color como un símbolo del agua y de las hojas del maíz. De su cabeza emerge una mazorca con las hojas de la planta a los lados, símbolo del renacer de la naturaleza y del brote del alimento preciado, el maíz.

Una antigua tradición griega reconoce que la mayoría de los dioses fueron creados por los seres humanos y están hechos a su imagen y semejanza. Éste es exactamente el caso de los olmecas: concibieron a su dios del maíz como una figura humana, con rostro de rasgos olmecas, boca en forma de hocico de jaguar con un colmillo sobresaliente y los ojos almendrados.

Esta concepción fue adoptada por los mayas (figura 5.9). En el año 2001, el arqueólogo norteamericano William Saturno descubrió en la selva del Petén, Guatemala, unas pinturas mayas extraordinarias, coloridas y bellas, donde uno de los personajes principales es el dios del maíz. Están fechadas 200 o 100 años antes de la era actual, por lo que superan los 2 000 años de antigüedad (figura 5.10).

Figura 5.9. Figura del dios del maíz en una pintura mural de Cival, Guatemala (200 a.C.). Su cara muestra rasgos olmecas. Dibujo de Heather Hurst tomado de Estrada-Belli, *The First Maya Civilization*, 2011, p. 107, figura 5.22.

Por haberse encontrado cerca de un pueblo del Petén llamado San Bartolo, las pinturas llevan su nombre. En los murales aparece la figura armoniosa del dios del maíz frente a la Montaña Primordial. A su lado, dos mujeres y otros personajes le rinden pleitesía y le llevan ofrendas. El conjunto se posa sobre el cuerpo estilizado de una larga serpiente emplumada.

Debe señalarse la maestría del dibujo del cuerpo humano. En la cara del dios del maíz podemos observar la boca atigrada con un colmillo prominente y rasgos olmecas (figura 5.11). La figura es armoniosa y el color cubre y modela el cuerpo.

FIGURA 5.10. Pintura mural de San Bartolo. Dibujo de Heather Hurst tomado de Saturno, Taube, Stuart y Hurst, "Los Murales de San Bartolo, El Petén, Guatemala. Parte 1", 2005, p. 58.

FIGURA 5.11. Dios maya del maíz cuyo rostro conserva rasgos olmecas. Dibujo de Heather Hurst tomado de Saturno, Taube, Stuart y Hurst, "Los Murales de San Bartolo, El Petén, Guatemala. Parte 1", 2005, p. 70.

Se han descubierto más pinturas en los muros de San Bartolo. Entre éstas se puede ver al dios del maíz cargado por un individuo (figura 5.12), cayendo al agua (figura 5.13) o danzando felizmente, mientras agita una sonaja y toca un caparazón de tortuga, acompañado por dos personajes, en una escena de aparente celebración por su renacimiento (figura 5.14).

Figura 5.12. El dios del maíz cargado en brazos por otro personaje. Dibujo de Heather Hurst tomado de Saturno, Taube, Stuart y Hurst, "Los Murales de San Bartolo, El Petén, Guatemala. Parte 2", 2010, p. 108.

Figura 5.13. El dios del maíz cae al agua. Dibujo de Heather Hurst tomado de Saturno, Taube, Stuart y Hurst, "Los Murales de San Bartolo, El Petén, Guatemala. Parte 2", 2010, p. 110.

Figura 5.14. El dios del maíz resucita del interior de la tierra tocando música. Dibujo de Heather Hurst tomado de Saturno, Taube, Stuart y Hurst, "Los Murales de San Bartolo, El Petén, Guatemala. Parte 2", 2010, p. 109.

Esta secuencia de imágenes está relacionada con otro episodio mítico que se registraría mucho tiempo después, en 1554, en el *Popol Vuh*, la obra cumbre de la literatura maya. En ella, Jun Junajpú, el padre de una familia que vive en el mundo terrestre y que representa la semilla del maíz, es obligado a descender al inframundo, la región oscura y fría que en la obra se llama Xibalbá (figura 5.15). Ahí debe enfrentar a los regentes de ese lugar tenebroso, seres monstruosos que encarnan la decadencia y la muerte, quienes finalmente lo sacrifican. Al matarlo impiden su vuelta a la superficie terrestre y su renacimiento como planta de maíz.

El *Popol Vuh* narra luego la hazaña de los hijos de Jun Junajpú, los llamados Gemelos Divinos o Gemelos Héroes, quienes emprenden un viaje de rescate. Ellos también son desafiados por los señores de Xibalbá para bajar al mundo subterráneo. Al llegar a la misma región oscura, son víctimas de una serie de trampas, argucias y engaños para impedirles recuperar los restos de su padre. Esta parte del *Popol Vuh* está colmada de dificultades que amenazan la vida de los gemelos. Se enfrentan a un ser orgulloso que se hace pasar por el sol, tienen que echar mano de todo su

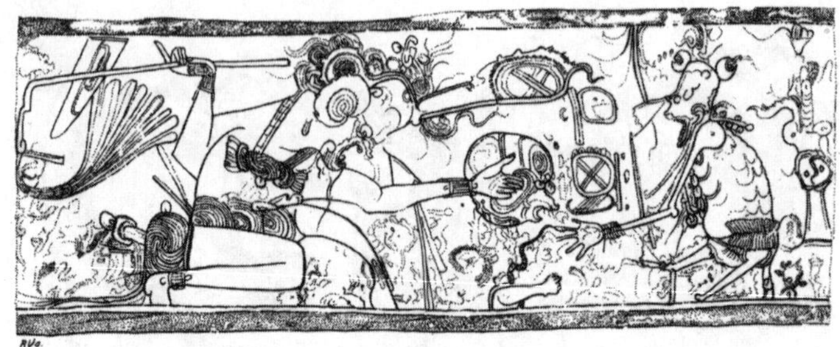

FIGURA 5.15. Personajes de Xibalbá, el inframundo maya, en una escena de decapitación. Dibujo de Raúl Velázquez basado en Robicsek y Hales, *The Maya Book of the Death*, 1981, p. 23, vaso 24.

ingenio para vencerlo, y además deben derrotar a otros seres perversos que provocan temblores de tierra y perturban la estabilidad del mundo. Por último, en la cancha del juego de pelota encaran a los terribles señores de Xibalbá (figura 5.16), que adoptan formas esqueléticas y monstruosas. Luego de muchas peripecias, narradas con suspenso y dramatismo, y alternadas en el tiempo, los gemelos están casi a punto de morir, pero logran escapar y dar fin a los señores de Xibalbá.

FIGURA 5.16. Escena en el inframundo previa al juego de pelota. A la izquierda de los personajes centrales están los gemelos Jun Ajaw y Yax Balam. Dibujo de Raúl Velázquez basado en Coe, *Old Gods and Young Heroes*, 1982, p. 33.

Siglos más tarde, estas mismas hazañas contenidas en el *Popol Vuh* fueron encontradas por los estudiosos del mundo maya en pinturas, esculturas, vasijas polícromas y códices de la época Clásica (entre los años 200 y 900 de nuestra era). Al comparar estos descubrimientos con las narraciones del *Popol Vuh* fue posible identificar y reconstruir una historia legendaria que los mayas de la época Clásica plasmaron en imágenes: la gesta del dios del maíz en tres momentos dramáticos.

El primer episodio cuenta la muerte de Jun Junajpú, quien baja al inframundo y es decapitado por los señores de Xibalbá. Varias vasijas y platos mayas muestran su cabeza cercenada (figura 5.17).

FIGURA 5.17. Cabeza cercenada del dios del maíz en un plato maya. Dibujo de Raúl Velázquez basado en Reents-Budet, *Painting the Maya Universe*, 1994, p. 82, figura 3.10.

Otro episodio cuenta el viaje de los hijos de Jun Junajpú al interior de la tierra, en busca del cadáver de su padre. Las hermosas pinturas muestran la figura y el nombre de los gemelos, que en la época Clásica se llaman Jun Ajaw y Yax Balam (figura 5.18). El primero tiene unas pintas negras en su cuerpo y el segundo unos parches de piel de jaguar adheridos a sus piernas y brazos.

FIGURA 5.18. Los Gemelos Divinos. A la izquierda Jun Ajaw, a la derecha Yax Balam. Dibujo de Raúl Velázquez basado en Hellmuth, *Monster und Menschen in der Maya-Kunst*, 1987, figuras 426 y 427.

Cuando los gemelos se enfrentan a los señores de Xibalbá, estos espíritus discurren varias artimañas para liquidarlos, pero como los gemelos logran solventarlas y salir airosos de estos trances, entonces los retan a un juego de pelota donde el perdedor deberá de ser sacrificado. Los gemelos aceptan el reto, salvan todos los peligros, escapan de sus malvados enemigos y al final logran eliminarlos. El famoso Plato Blom ilustra bellamente una de las escenas, el momento en que los gemelos luchan contra un pájaro vanidoso que pretendía ser el sol (figura 5.19).

El tercer episodio es el punto culminante del mito, pues narra cómo los gemelos ayudan a su padre a resucitar y lo llevan a la superficie terrestre convertido ya en el dios joven del maíz. Las pinturas de la época Clásica muestran cómo un personaje recupera las semillas de maíz del inframundo y las transporta en una canoa, librando numerosos obstáculos (figura 5.20). En la parte inferior de esta vasija polícroma el personaje aparece recostado, como si acabara de nacer. En la escena del lado izquierdo dos

FIGURA 5.19. Pintura del plato de Blom, llamado así en honor a Frans Blom. Presenta la contienda en donde los Gemelos Divinos apuntan con cerbatanas a Vucub Caquix, el falso sol. Dibujo de Raúl Velázquez basado en Hellmuth, *Monster und Menschen in der Maya-Kunst*, 1987, contraportada.

mujeres desnudas le ayudan a ponerse un traje de piedras verdes; y en la parte superior derecha va en una canoa que impulsan dos remeros, con la bolsa de los preciosos granos de maíz en su regazo, rescatados del interior de la tierra.

FIGURA 5.20. Vasija pintada que narra tres episodios del viaje del dios del maíz en el inframundo. Dibujo de Raúl Velázquez basado en Freidel, Schele y Parker, *Maya Cosmos*, 1993, figura 2.27.

En otra vasija coloreada aparecen cuatro personajes en canoa que reman en las aguas frías del inframundo. El de la izquierda brota de la tierra, representada por el carapacho de una tortuga, y lleva en su pecho un envoltorio con las semillas rescatadas de maíz (figura 5.21).

FIGURA 5.21. El personaje que representa al futuro dios del maíz emerge del interior de la tierra con la bolsa que contiene los granos del maíz. Dibujo de Raúl Velázquez basado en Robicsek y Hales, *The Maya Book of the Death*, 1981, p. 156, figura 59.

En una más de las imágenes se plasman los preparativos para la emergencia en la tierra de la planta del maíz: un personaje es flanqueado por tres bellas mujeres desnudas que se aprestan a engalanarlo para su ascensión a la superficie terrestre. A la derecha aparecen los gemelos Jun Ajaw y Yax Balam como testigos de la ceremonia (figura 5.22).

Finalmente la planta, transformada en un dios humanizado, renace triunfante del interior de la tierra (figura 5.23). En las pinturas, la planta transformada en dios brota de un caparazón de tortuga que simboliza la tierra, y recibe el apoyo de sus fieles hijos (figura 5.24), con cuyo auxilio escapa del inframundo: derraman agua en la hendidura de la tierra y le extienden la mano en señal de bienvenida (figura 5.25).

86

FIGURA 5.22. Escena que representa los preparativos del nacimiento del dios del maíz, quien está de pie en un medio acuático, rodeado de bellas mujeres desnudas dispuestas a atenderlo. Imagen tomada de Chinchilla, *Imágenes de la mitología maya*, 2011, pp. 148-149, figura 58.

FIGURA 5.23. En el día de su resurrección, la semilla de maíz convertida en dios sale del carapacho de una tortuga. Dibujo de Raúl Velázquez basado en Robicsek y Hales, *The Maya Book of the Death*, 1981, p. 155, figura 58 b.

FIGURA 5.24. Vaso maya donde se pinta al dios del maíz saliendo del interior de la tierra, simbolizada por el carapacho de la tortuga. Dibujo de Raúl Velázquez basado en Robicsek y Hales, *The Maya Book of the Death*, 1981, p. 155, figura 58 a.

FIGURA 5.25. Plato maya que presenta la resurrección gloriosa del dios del maíz. Dibujo de Raúl Velázquez basado en Robicsek y Hales, *The Maya Book of the Death*, 1981, p. 91, vaso 117.

Esta secuencia de escenas pintadas culmina con una danza triunfal del dios del maíz en celebración de su victoria sobre los agentes negativos de la muerte y la esterilidad, y de su renacimiento glorioso ya como planta transformada en dios del maíz (figuras 5.26, 5.27 y 5.28).

Tanto en las pinturas de la época Clásica, que datan de los siglos VI a IX de la era actual, como en el relato del *Popol Vuh*, escrito en el siglo XVI, sobresalen los rasgos del mito y del cuento clásico que le otorgan preeminencia a los actores principales: el dios-semilla del maíz, los héroes gemelos que colaboran en su rescate, junto con la composición alternada y dramatizada de los episodios. Personajes, acciones y trama se suceden en el triunfo inevitable de la creación de la vida en una obra del ingenio humano.

La extensa historia del mito del dios del maíz, expuesta en imágenes, glifos, cantos y textos contiene una moraleja y un

FIGURA 5.26. Dios del maíz danzando en un plato maya. Imagen tomada de Looper, *To be like Gods*, 2009, lámina 5.

FIGURA 5.27. El dios del maíz celebra su resurrección con una danza. Plato maya de la época Clásica. Dibujo de Raúl Velázquez basado en Robicsek y Hales, *The Maya Book of the Death*, 1981, p. 156, figura 60.

Figura 5.28. Dos personajes profusamente ataviados con los símbolos del dios del maíz bailan antes de su resurrección. Vaso maya de la época Clásica. Dibujo de Raúl Velázquez basado en Kerr y Kerr, *The Maya Vase Book*, 1989, p. 451.

modelo de conducta. La moraleja dice que los campesinos, con esfuerzo e inventiva, crearon la planta del maíz que dio sustento a los primeros seres humanos e inició la civilización. Es un apólogo o relato moral que afirma las virtudes del trabajo creador y civilizador. Una enseñanza más apunta que quien es tenaz y dispone de ingenio puede superar los mayores obstáculos y vencer a los seres gobernados por la vanidad y el afán destructor. En el *Popol Vuh* los gemelos encarnan estas virtudes, y por su ingenio y astucia logran derrotar a los seres malvados de Xibalbá, llevar el maíz a los seres humanos y restaurar la armonía del mundo.

El mito del dios del maíz resume así las virtudes de un pueblo campesino. El cultivo de la planta era la tarea que unía a los diversos pobladores en una empresa de supervivencia colectiva. Implicaba nociones de trabajo, disciplina, planeación y colaboración comunitarias. La naturaleza colectiva del cultivo del maíz originó la división del trabajo en la célula familiar y ordenó las actividades de la comunidad campesina alrededor del ciclo anual

FIGURA 5.29. Lápida del sarcófago de K'inich Janaab Pakal en Palenque. El gobernante sale de las fauces del Dragón Celeste Nocturno, con el vestido y los adornos del dios del maíz. Se representa resucitando, convertido en imagen de Jun Ixiim, Uno Maíz. Dibujo de Raúl Velázquez basado en Robertson, *The Sculpture of Palenque*, 1983, figura 99.

de producción de la planta: limpia y roturación del suelo de febrero a marzo; siembra entre abril y mayo; cuidado y riego de la planta de junio a septiembre y cosecha y almacenamiento de octubre a noviembre. Tal fue el calendario agrícola que definió los trabajos y ritos de la comunidad campesina a lo largo del año y a través de los siglos, hasta nuestros días.

La afanosa tarea de enterrar la primera semilla en el interior húmedo de la tierra, la lucha denodada contra los elementos que se oponen a su germinación y el brote triunfal de la planta en la superficie terrestre, los tres episodios capitales del relato del dios del maíz, resumen la inventiva indígena para crear vida y civilización.

FIGURA 5.30. El dios del maíz, ornado de mazorcas, renace del interior de la tierra.
Dibujo de Raúl Velázquez basado en Kerr y Kerr, *The Maya Vase Book*, 1992, p. 32.

FIGURA 5.31. El dios del maíz maya representado bajo la apariencia espléndida de un
joven en una escultura de la época Clásica del Templo 22 de Copán, Honduras. Dibujo
de Raúl Velázquez basado en Maudslay, *Biologia Centrali-Americana*, 1974, lámina 17.

La imaginación indígena identificó al principio dos animales muy comunes en el medio ambiente, una serpiente y un pájaro, con dos espacios distintos pero complementarios: la tierra y el cielo. A la tierra le atribuyó los poderes de la germinación y al cielo las fuerzas seminales de la fecundidad que habitan en esa región. A esto siguió una conjunción de esos dos seres y ámbitos diferentes en la figura de la serpiente-pájaro, que llamaron Serpiente Emplumada.

Los olmecas sintetizaron ambas entidades en una imagen plástica: el Dragón olmeca (figura 6.1), un ser sobrenatural compuesto por una cabeza con rasgos de serpiente y una parte trasera con aspecto de ala de pájaro. Fue uno de los primeros símbolos que buscaron integrar los poderes germinales de la tierra con los fecundadores que vienen del cielo bajo la forma de relámpagos, nubes, lluvia y agua.

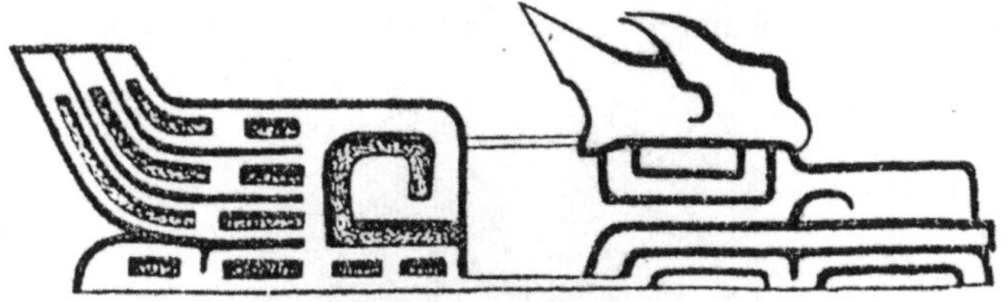

Figura 6.1. Dragón olmeca, compuesto por una cabeza con rasgos de ofidio y una cola en forma de ala de pájaro. Imagen tomada de Reilly III, "Art, Ritual, and Rulership in the Olmec World", 1996, figura 6.

Para la concepción indígena, el interior de la tierra significaba el lugar del sacrificio de los seres vivos y del astro solar, que ahí moría al atardecer. Los olmecas lo representaron como una enorme y voraz boca cuadrada (figura 6.2), un verdadero monstruo de la tierra en el que todo fenecía y se transformaba para renacer más tarde.

FIGURA 6.2. Monumento 7 de Chalcatzingo que representa la gran boca cuatrifoliada del inframundo. Tiene ojos almendrados y de la superficie de la boca brotan plantas. Dibujo de Raúl Velázquez basado en Grove, *Ancient Chalcatzingo*, 1987, p. 125.

En otra figura de estilo olmeca, una cueva u oquedad en el interior de la tierra se presenta como la sede de las fuerzas germinales que eran activadas al recibir la lluvia fecundadora. Sobre la cueva, las nubes derraman gotas de lluvia que fertilizan y hacen brotar plantas de maíz (figura 6.3).

FIGURA 6.3. Monumento "El Rey" de Chalcatzingo. Muestra el interior de una cueva del inframundo. Las volutas que salen de la boca de la cueva expresan las fuerzas vitales ahí guardadas. Dibujo de Raúl Velázquez basado en Gay, *Chalcacingo*, 1971, p. 41, figura 11.

Serpiente Emplumada

Desde los remotos tiempos de los olmecas (1500-900 antes de la era actual) hasta muchos siglos más tarde, ya en la época de los mexicas (1345-1521), la Serpiente Emplumada fue el símbolo que representó la renovación vegetal. Las plumas verdes del quetzal cubren el cuerpo de la serpiente en alusión al momento en que la estación seca es sustituida por la húmeda y verde de la vegetación. La tierra, representada por la piel rugosa de la serpiente o el cocodrilo, quedaba cubierta por las hojas verdes de la planta del maíz, y esa transformación maravillosa tomaba la forma de una serpiente emplumada, metáfora de la tierra florecida en el imaginario mesoamericano (figura 6.4). Los mixtecos de Oaxaca actualmente consideran que la tierra es la matriz y la lluvia el semen que la fertiliza. El producto de esa unión es la planta del maíz.

FIGURA 6.4. Imagen del *Códice Borgia* que representa la superficie terrestre como un cocodrilo. Tláloc, el dios de la lluvia, derrama agua sobre la tierra. La conjunción del agua con las fuerzas germinales de la tierra induce el crecimiento de las mazorcas del maíz, que transforman la tierra reseca en campo florecido. Dibujo de Raúl Velázquez basado en Díaz y Rodgers, *Codex Borgia*, 1993, lámina 37.

La serpiente como símbolo de los poderes germinales de la tierra se registra entre los olmecas en el Monumento 19 de La Venta (figura 6.5). Ahí, un crótalo envuelve con todo su cuerpo y el visible cascabel a un personaje que porta una bolsa de incienso en su mano. Sobre la cabeza, la serpiente tiene una cresta de plumas de quetzal, y en la nariz, una cuenta de jade que representa el aliento.

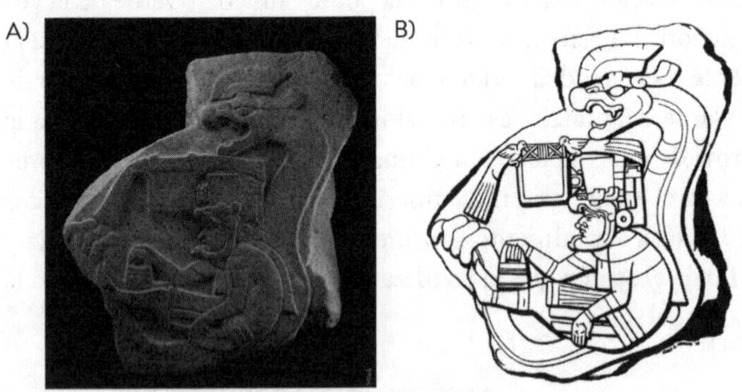

Figura 6.5. Monumento 19 de La Venta, Tabasco. A) Museo Nacional de Antropología. Imagen tomada de Mediateca INAH (CC BY-NC). B) Dibujo de Ájax Moreno tomado de Lowe, *Mesoamérica olmeca: diez preguntas*, 1998, p. 90.

Tiempo después, hacia 200-100 antes de la era actual, también se registra una serpiente emplumada que brota de la Montaña Primordial en los maravillosos murales mayas de San Bartolo. Encima del cuerpo emplumado de la gran serpiente, seis personajes celebran con ofrendas al dios del maíz, quien renace apenas del interior de la tierra (figura 6.6). Esta bella pintura de San Bartolo plasma una escena central de la mitología maya: el nacimiento del dios del maíz (tercera figura de izquierda a derecha), rodeado por un cortejo de mujeres y servidores que le rinden pleitesía.

Tres siglos más tarde, este símbolo telúrico volvió a aparecer en el poderoso reino de Teotihuacán, el más célebre en todos los

FIGURA 6.6. Pintura mural de San Bartolo. Dibujo de Heather Hurst tomado de Saturno, Taube, Stuart y Hurst, "Los Murales de San Bartolo, El Petén, Guatemala. Parte 1", 2005, p. 58.

cantos y relatos acerca del esplendor de Mesoamérica. En la base del Templo de la Serpiente Emplumada, construido entre 150 y 200 años de la era actual, se representa a este ser mítico, y su cuerpo esculpido lo ostentan los cuatro costados de la pirámide (figura 6.7). En la parte inferior, la Serpiente Emplumada nada en el mar primordial, rodeada de conchas y animales marinos, símbolos de fertilidad (figura 6.8).

FIGURA 6.7. La pirámide de la Serpiente Emplumada en la llamada Ciudadela de Teotihuacán. Dibujo de Raúl Velázquez basado en la reconstrucción hecha por el arquitecto Ignacio Marquina.

FIGURA 6.8. Talud de la pirámide de la Serpiente Emplumada, donde se advierte a la serpiente nadando en el mar primordial. Dibujo de José Francisco Villaseñor tomado de Fuente (coord.), *La pintura mural prehispánica en México. Teotihuacán*, 1995, p. 12.

En los edificios y pinturas murales de Teotihuacán, la monumental metrópoli trazada con precisa simetría y notable colorido, se multiplica la imagen de la Serpiente Emplumada en cuanto símbolo de fertilidad (figura 6.9). De su boca emanan chorros de agua que riegan y fertilizan las plantas. Textos nahuas posteriores se refieren a la gran ciudad como un paraíso agrícola, pródigo de cultivos y alimentos vitales (figura 6.10).

FIGURA 6.9. Pinturas de la Serpiente Emplumada en Techinantitla, Teotihuacán, que la muestran derramando el agua fertilizadora. Dibujo de Raúl Velázquez basado en Miller, *The Mural Painting of Teotihuacan*, 1973, p. 165.

Esta imagen emblemática de la fertilidad y la abundancia agrícola aparece relacionada con los símbolos del poder. Es probable que la misma pirámide de la Serpiente Emplumada haya sido un monumento construido en honor al gran gobernante que dirigió ese reino hacia 150-200 de la era actual. Años más tarde este edificio imponente, colmado de esculturas, fue vandalizado y recubierto por otro que quiso borrar el simbolismo de quien lo había levantado y que tal vez había llevado el nombre de Serpiente Emplumada.

FIGURA 6.10. Pintura mural de Techinantitla, Teotihuacán. De la boca de la serpiente salen chorros de agua que fertilizan las plantas de la parte inferior. Fotografía: Teocalli Salazar González.

En el siglo xx y en años recientes, los arqueólogos han descubierto en Teotihuacán restos de vasijas y pinturas que parecen confirmar un vínculo directo entre la imagen de la Serpiente Emplumada y el oficio de gobernar: la estera oficial donde se sentaba el gobernante. En una vasija encontrada en un palacio de Zacuala, el personaje situado a la izquierda lleva el tocado de borlas propio de los gobernantes, y junto a él está la cabeza de una serpiente sobre la estera, símbolo milenario del poder real (figura 6.11).

FIGURA 6.11. Detalle de una vasija encontrada en Zacuala, Teotihuacán. Dibujo de Raúl Velázquez basado en Séjourné, *Teotihuacan*, 1994, p. 193.

El epigrafista americano Karl Taube ha descubierto otras representaciones de la Serpiente Emplumada vinculadas con esa estera del poder en la pintura mural y en vasijas de la ciudad (figura 6.12). Los atributos de fertilidad, abundancia y poder que distinguen a la Serpiente Emplumada entre los olmecas, mayas y teotihuacanos perduraron en los reinos y culturas posteriores. Desde los señoríos que surgieron después de la caída de Teotihuacán hacia 550-600, la Serpiente Emplumada fue un símbolo del gobierno o la realeza.

Figura 6.12. Detalles de vasijas encontradas en Teotihuacán. Dibujo de Raúl Velázquez basado en Taube, "La Serpiente Emplumada en Teotihuacán", 2002, p. 39.

Entre 650 y 850 este símbolo resurgió como emblema real en el reino olmeca-xicalanca de Cacaxtla, donde el gobernante 13 Pluma de Águila, con indumentaria, símbolos y colores mayas, se representa de pie sobre el cuerpo de una Serpiente Emplumada estilizada (figura 6.13).

En un mural fechado hacia 800-1200, una magnífica Serpiente Emplumada protege el cuerpo del *ajaw* maya de Chichén Itzá, reino que llegó a dominar gran parte de la península de Yucatán (figura 6.14). En su capital homónima, la Serpiente Emplumada tuvo las características de emblema del poder al estar vinculada a los personajes que detentan el comando militar o el gobierno, y aparece en la mayoría de las expresiones iconográficas de Chichén Itzá. La llamada pirámide de Kukulcán (Serpiente Emplumada), su monumento central, está coronada por un edificio cuya puerta principal está flanqueada por dos serpientes emplumadas esculpidas como columnas (figuras 6.15 y 6.16). Este pórtico monumental se repite en el Templo de los Guerreros, el cual era, en realidad, el palacio de gobierno de dicha capital.

Figura 6.13. Pintura del palacio real olmeca-xicalanca de Cacaxtla, de estilo maya (650-950). Presenta al personaje 13 Pluma de Águila de pie sobre una gran Serpiente Emplumada. Museo Nacional de Antropología. Imagen tomada de Mediateca INAH (CC BY-NC).

A)

B)

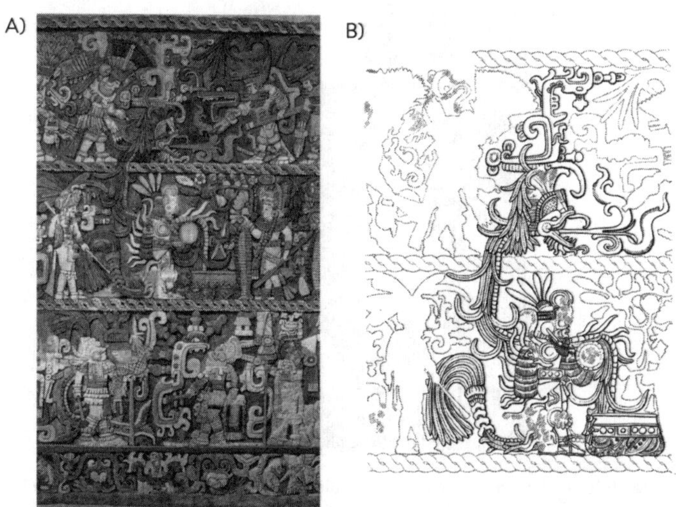

Figura 6.14. Serpiente Emplumada con la diadema real en la cabeza, mural del Templo Inferior de los Jaguares de Chichén Itzá (*ca.* 800-1200). El personaje envuelto por el cuerpo de la serpiente es la figura central. A) Dibujo de Miguel Ángel Fernández tomado de Torre (ed.), *Adela Breton*, 1993, p. 132. B) Dibujo de Raúl Velázquez basado en Coggins y Shane, *El cenote de los sacrificios*, 1989, p. 42.

FIGURA 6.15. Parte superior de la pirámide de Kukulcán, Chichén Itzá. Fotografía: Teocalli Salazar González.

FIGURA 6.16. Columnas de serpientes emplumadas en el pórtico del Templo de los Guerreros de Chichén Itzá. Dibujo de Raúl Velázquez basado en Gendrop y Heyden, *Arquitectura mesoamericana*, 1975, p. 290.

Se trata de un símbolo perdurable que se multiplicó en ese tiempo y se extendió hasta Tenochtitlan y aun después. En el periodo Posclásico (900-1500), una época de guerras, surgimiento de nuevas alianzas políticas y formas de gobierno, el emblema de la Serpiente Emplumada se relaciona y confunde con el personaje llamado Ce Ácatl Topiltzin Quetzalcóatl. Esta fusión es el comienzo de otra gesta histórica, legendaria y mitológica de irradiaciones extraordinarias. Constituye una saga que se ramifica en cantos, ritos, relatos y mitos dispersos en las regiones de Mesoamérica, junto con la figura de un gobernante ubicuo que muere y augura regresar para recuperar su reino.

La gesta de Ce Ácatl Topiltzin Quetzalcóatl

Ce Ácatl (Uno Caña) Topiltzin (Nuestro Señor) Quetzalcóatl (Serpiente Emplumada) es el nombre calendárico y reverencial del personaje histórico que fundó y gobernó el reino de Tula entre 1029 y 1040. Siglos más tarde, los mexicas que dominaron Tenochtitlan y gran parte de Mesoamérica entre 1325 y 1521 hicieron propias las tradiciones de Tula y convirtieron a Ce Ácatl Topiltzin Quetzalcóatl en fundador de la dinastía tolteca, héroe proveedor de la cultura, las ciencias y las artes, esto es, personaje legendario. Desde entonces se entretejieron tradiciones, mitos y datos históricos, confundiéndose y recreándose unos con otros.

Algunos datos provienen de textos y anales indígenas que mencionan acontecimientos presumiblemente verídicos, como las *Relaciones de Juan Cano*, que señalan la existencia de dos grupos, uno formado por los rústicos chichimecas y otro por los colhuas, descendientes de teotihuacanos, "que eran de más capacidad" y a quienes se atribuye la fundación de Tecolhuacan, antecedente de Colhuacán. Estos colhuas designaron a Tetepehu como su primer gobernante, pero su mandato duró poco tiempo al haber sido asesinado por su cuñado. En esas *Relaciones* se indica también que Totepeuh, antes de morir, procreó un hijo llamado Topilce.

La *Histoire du Mexique* refiere que los padres de Topiltzin habían sido Mixcóatl (presentado como un guerrero chichimeca que invade el Valle de México y otras regiones, también llamado Camaxtli) y Chimalman, quienes tuvieron varios hijos más, pero de todos ellos Mixcóatl prefería a Topiltzin. La inclinación del padre provocó el rencor de los otros hermanos, que acordaron matarlo. La *Histoire* revela las estratagemas urdidas por los hermanos para deshacerse de Topiltzin y el ingenio de éste para sortear sus artimañas. Al final, Topiltzin logra aniquilar a los hermanos envidiosos.

La *Leyenda de los Soles* también narra la entrada de Mixcóatl al Valle de México, describe sus victorias sobre los antiguos pobladores y resalta el encuentro con la mujer nativa, Chimalman, con quien procrea a Ce Ácatl. La madre muere en el parto y toca al padre educar a Ce Ácatl, quien desde muy joven lo acompaña en sus conquistas y aprende las destrezas del guerrero. La buena relación entre padre e hijo se rompe cuando Mixcóatl es asesinado por los hermanos celosos. Ce Ácatl emprende luego la búsqueda de los restos de su padre, los encuentra y edifica un templo para honrar su memoria.

Es muy posible que los relatos sobre Ce Ácatl y Topiltzin que contienen la *Historia de los mexicanos por sus pinturas* y la *Leyenda de los Soles*, escritas en náhuatl hacia 1543-1544 y 1558-1561, respectivamente, se hayan basado en cantos y códices antiguos, pues en la *Leyenda de los Soles* se reproduce un dibujo tosco pero ilustrativo del origen de Ce Ácatl y su conversión en Topiltzin, señor de Tula (figura 6.17).

En la parte superior de este croquis descuella el cerro Xicococ (actualmente cercano a Tula y llamado Xicuco). Abajo del cerro, apenas esbozada, se encuentra la imagen de un niño recostado y sus nombres, "ceacatl" y "topiltzin", con unas líneas en forma de cordón umbilical que lo enlazan a sus progenitores: Chimalman en el lado izquierdo y Mixcóatl en el derecho. En la parte inferior se encuentra una figura sentada en un

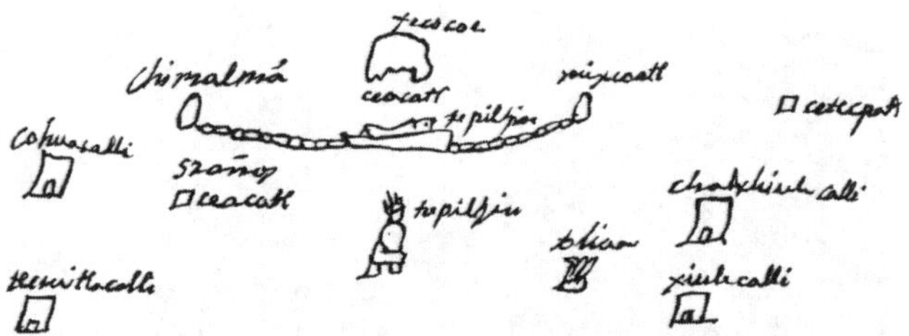

FIGURA 6.17. Genealogía de Ce Ácatl Topiltzin. Dibujo de Raúl Velázquez basado en *Códice Chimalpopoca, Anales de Cuahtitlan y Leyenda de los Soles*, 1945, p. 78.

trono, coronada con un tocado de plumas, con el nombre de "topiltzin" y la edad de 52 años. A la derecha, el glifo de Tula bajo la forma de una mata de tules. Por último, a los lados de esta figura, unos dibujos aluden a las famosas casas edificadas en Tula cuando Topiltzin la gobernaba: la Casa de Serpientes y la Casa de Oro en el lado izquierdo, y la Casa de Jade y la Casa de Turquesas en el derecho.

Con llaneza, el sucinto esquema expone los dos episodios cruciales de la vida de Topiltzin, desde su nacimiento hasta la entronización en Tula. Fecha el día en que nació en el año calendárico 1 Caña (Ce Ácatl); registra la identidad de sus padres, Chimalman y Mixcóatl; precisa el momento en que recibe el nombre de Topiltzin, Nuestro Señor; su edad al convertirse en gobernante, 52 años, y traza las cuatro casas donde celebraba sus ceremonias, con la ubicación exacta, Tollan.

Según estas fuentes, las únicas que narran el origen y la juventud de Topiltzin, se trata de un personaje de carne y hueso, a quien llaman Ce Ácatl por el día de su nacimiento. Otros relatos confirman que Topiltzin Quetzalcóatl fue el fundador del reino de Tula. En ellos, Topiltzin aparece como un mestizo, producto de la unión de un guerrero conquistador chichimeca con una mujer que descendía de Colhuacán (figura 6.18), un poblado de habla náhuatl emparentado con los descendientes de Teotihuacán, para entonces ya solo un reino legendario.

FIGURA 6.18. Representación del topónimo de Colhuacán (derecha) en el primer folio de la *Tira de la Peregrinación*. En esta imagen Colhuacán es el primer lugar al que llegan los mexicas luego de abandonar la isla mítica de Aztlán. Dibujo de Raúl Velázquez basado en el *Códice Boturini*.

Gloria de Ce Ácatl Topiltzin Quetzalcóatl

La segunda parte de la saga de Topiltzin Quetzalcóatl celebra su entronización en el reino de Tula y el brillo que irradió de esa ciudad durante su gobierno. Unas fuentes relatan este episodio con fechas que semejan una crónica de hechos históricos. Así, las *Relaciones de Juan Cano* señalan que al morir su padre, Topiltzin se hizo cargo del mando de Tecolhuacan (antiguo Colhuacán), y después de dieciséis años decidió viajar a Tulancingo (en el actual estado de Hidalgo), acompañado de mucha gente: "había oficiales de todos los oficios, plateros, herreros, carpinteros y oficiales de plumas". Estos textos realzan el legado cultural materno, pues los fieles que acompañan a Topiltzin en la fundación de Tulancingo y luego de Tula son los célebres toltecas. Aquí Colhuacán aparece como la patria prestigiosa, el lugar de los colhuas descendientes de la afamada Teotihuacán.

Los *Anales de Cuauhtitlan* recogen este episodio con fechas precisas: "12 Ácatl-13 Tecpatl. 1 Calli-2 Tochtli. En este año llegó Topiltzin Quetzalcóatl a Tollantzinco [Tulancingo], donde se quedó cuatro años y fabricó su tienda o casa de tablas verdes, que era su casa de ayunos". La misma fuente agrega que en "3 Ácatl-4 Tecpatli-5 Calli, fueron los toltecas a traer a Quetzalcohuatl para constituirle rey de Tollan" (figura 6.19).

FIGURA 6.19. Portada del *Códice Chimalpopoca*, edición de 1945.

En su "Memorial Breve", Domingo Francisco Muñón Chimalpahin proporciona datos de aparente veracidad sobre el gobierno de Topiltzin Quetzalcóatl. Según él, entre los años 993 y 1040 los toltecas constituyeron un Estado fuerte mediante la alianza de tres capitales: Colhuacán, Tullan y Otumba. Es probable que Topiltzin Quetzalcóatl haya gobernado Tula entre 1029 y 1040, y quizá durante esos años unificara el reino del cual Tula llegó a ser la cabecera.

Basado en ésta y otras fuentes, el historiador Nigel Davies trazó en un mapa la posible extensión territorial de ese poderoso reino, que más tarde los relatos indígenas transformaron en un reino legendario, cuna del poder y origen de la civilización (figura 6.20).

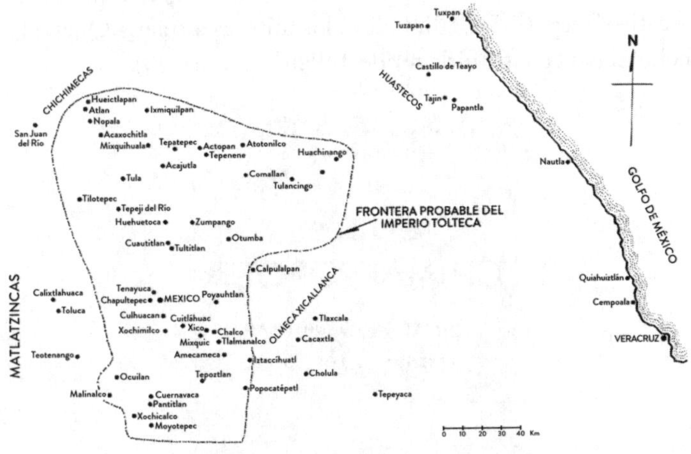

FIGURA 6.20. Mapa aproximado del imperio tolteca. Basado en Davies, *The Toltecs Until the Fall of Tula*, 1977, p. 313.

La transformación mítica de Ce Ácatl Topiltzin Quetzalcóatl y del reino de Tula

Los datos históricos plausibles del personaje fundador de la gran Tula, erigida entre 900 y 1150, fueron transformados, mistificados y oscurecidos después de su caída hacia 1150. El catastrófico declive de la capital tolteca ocasionó trastornos semejantes a los que siguieron al fin estrepitoso de la metrópoli teotihuacana. Tal como ocurrió con el violento ocaso de Teotihuacán, no hay relatos indígenas que indiquen las causas de la destrucción de Tula. Sólo nos quedan unos cantos desolados, recogidos en el siglo XVI en el *calmécac* mexica —la institución donde se educaban los sacerdotes, nobles y gobernantes— como el siguiente:

Cantor: En madera, en piedra me dejaste pintado.
Y allá en Tula vamos a gritar.

> *Coro*: Oh, Nácxit,* príncipe nuestro,
> jamás se extinguirá tu renombre,
> ¡pero por él llorarán tus vasallos!
> *Cantor*: ¡Sólo queda allí en pie la casa de turquesas,
> la casa de serpientes que tú dejaste erguida!
> Y allá en Tula vamos a gritar:
> *Coro*: Oh, Nácxit, príncipe nuestro,
> jamás se extinguirá tu renombre,
> ¡pero por él llorarán tus vasallos!

Ciertas crónicas consignan una trama tortuosa y fantástica en la que Topiltzin Quetzalcóatl se enfrenta al grupo disidente que lo expulsa de Tula, emprende viajes por diversas regiones donde deja impresa la huella de su paso y más tarde acaba muerto en la costa del Golfo de México. Entre sus sucesores se menciona a Huémac, tolteca de origen chichimeca que combatió a los nonoalca, seguidores de Topiltzin Quetzalcóatl que habían abandonado Tula. Lo mismo hicieron después los tolteca-chichimeca y ambos grupos terminaron dispersándose por los distintos rumbos de Mesoamérica, donde fundaron nuevos señoríos de estirpe tolteca.

Es probable que los mismos expulsados de Tula crearan las primeras ideas fantasiosas de su reino, seguidas por las más nostálgicas y fabulosas que propagaron sus descendientes. En los siglos XIV y XV, tiempo del apogeo de los nahuas mexicas, Tula tenía ya el brillo de un reino maravilloso: metrópoli cultural de la que provenía el conocimiento de las ciencias, las artes y la sabiduría, poblada de monumentos grandiosos, obra de artífices insuperables. Por su parte, Ce Ácatl Topiltzin Quetzalcóatl se convirtió en el patrono de los reinos de estirpe tolteca, el modelo de la autoridad real y el ejemplo del gobernante sabio.

---

* Nácxit es uno de los nombres nahuas que los mexicas atribuyeron a Topiltzin Quetzalcóatl.

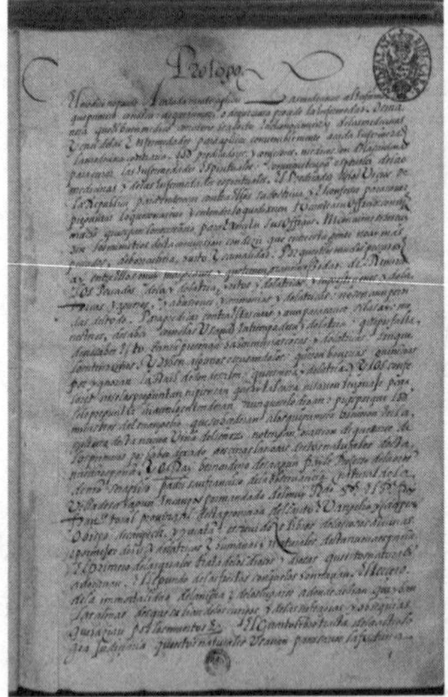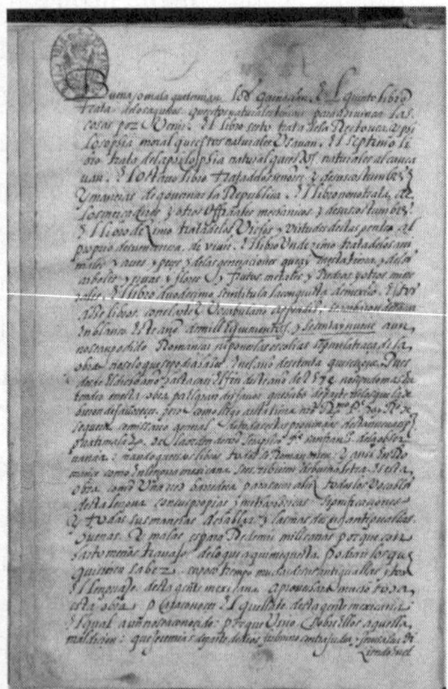

FIGURA 6.21. Páginas preliminares del *Códice Florentino*. Esta obra ricamente ilustrada por tlacuilos indígenas, escrita en náhuatl y en español, fue la base de la *Historia general de las cosas de la Nueva España*, firmada por el franciscano Bernardino de Sahagún. Imagen tomada de *Códice Florentino*, 1979, Libro I, f. 1r y 1v.

La obra que desde el siglo XVI hasta nuestros días ha difundido la imagen grandiosa y perdurable de Tula y de un Quetzalcóatl mitológico es el *Códice Florentino* (figura 6.21), compilado por fray Bernardino de Sahagún entre 1558 y 1577, cuando el fraile franciscano atestiguaba la quiebra y el declive de la alta civilización nahua. La parte escrita en español fue publicada más tarde con el título de *Historia general de las cosas de la Nueva España,* y tiene el prestigio de haber contado con la participación de los sabios, escribas y pintores nahuas más reconocidos de entonces. Ahí se afirma que los toltecas fundaron Tula y construyeron una gran ciudad con palacios y monumentos espléndidos, y se presenta esta descripción portentosa del palacio de Topiltzin Quetzalcóatl:

mucho más pulido y preciso que las casas suyas, el cual tenía cuatro aposentos: el uno estaba hacia el oriente, y era de oro, y llamábanle aposento o casa dorada […] y el otro aposento estaba hacia el poniente, y a éste le llamaban aposento de esmeraldas y de turquesas […] y el otro aposento estaba hacia mediodía, que llaman el sur, el cual era de diversas conchas mariscas […] y el cuarto aposento estaba hacia el norte, y este aposento era de piedra colorada y jaspes y conchas muy adornado.

La *Historia general* perfila luego el retrato del gobernante de la ciudad maravillosa. Dice que los toltecas obedecían a "un solo señor que tenía[n] por dios, el cual le llamaban Quetzalcóatl, cuyo sacerdote tenía el mismo nombre" (figura 6.22). Como se advierte, en esta cita de Sahagún hay tres personajes: un "señor" al que obedecían como gobernante; otro que tenían por dios, y el sacerdote que respondía al mismo nombre, Quetzalcóatl.

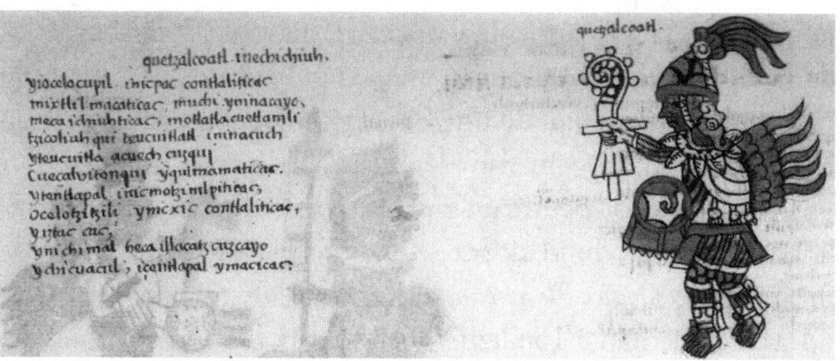

FIGURA 6.22. Representación del sacerdote Quetzalcóatl pintada en los *Primeros memoriales* de fray Bernardino de Sahagún (1558-1561). El personaje lleva en una mano una suerte de báculo y en la otra una bolsa de incienso. En el lado izquierdo se describen en náhuatl los diversos elementos que componen su figura. Imagen tomada de Sahagún, *Primeros memoriales*, 1993, f. 261v.

Tal identificación dio pie a innumerables confusiones, interpretaciones y equívocos. El relato de Sahagún y sus colaboradores nahuas elogia luego las cualidades de los vasallos, quienes eran tan apreciados que su nombre, "tolteca", era sinónimo de sabio y artesano virtuoso, y se refieren las cuantiosas riquezas del reino de Quetzalcóatl:

> Y más, dicen que era muy rico [...] y que el maíz era abundantísimo, y las calabazas muy gordas [...] y que sembraban y cogían algodón de todos colores [...] Y más dicen que en dicho pueblo de Tulla se criaban muchos y diversos géneros de aves de plumas de ricos colores [...]
>
> Y [...] tenía el dicho Quetzalcóatl todas las riquezas del mundo, de oro y plata y piedras verdes que se llaman chalchihuites [...] y mucha abundancia de árboles de cacao [...] Y los vasallos del dicho Quetzalcóatl estaban muy ricos y no les faltaba cosa ninguna, ni había hambre ni falta de maíz [...]

La imagen difundida por la *Historia general* y otros textos nahuas muestra que Tula había conjuntado la fortaleza del poder político, la riqueza agrícola y material, más los preciosos bienes de la civilización a tal punto que los pobladores no sabían de pobreza y disfrutaban de un gobierno próspero y civilizado, la representación del gobierno ideal.

A continuación ocurre un giro brusco, pues cambia la personalidad del guerrero fundador de reinos y gobernante de Tula. En las imágenes del *Códice Florentino* sólo aparece la figura del sacerdote, no la del gobernante Topiltzin Quetzalcóatl. La figura heroica del jefe político se troca en la del sacerdote ejemplar, entregado al ejercicio de los ritos y ceremonias religiosas, "muy devoto y aficionado a las cosas de su señor y dios" (figura 6.23). A este trastrocamiento de la personalidad de Ce Ácatl Topiltzin Quetzalcóatl se suma otra confusión aturdidora, pues el sacerdote que Sahagún llama Quetzalcóatl es también el nombre del dios Quetzalcóatl. ¡Tres personalidades distintas, unidas por un nombre!

En esta parte Sahagún fija la atención en celebrar los méritos del sacerdote. Destaca su condición célibe y casta, su recogimiento en el templo, el ejercicio exigente de los ritos y penitencias y ese modo ejemplar de ejecutar el autosacrificio (figura 6.24). Tal es la nueva imagen que Sahagún, o más bien sus colaboradores indígenas, transmitieron y dibujaron en el *Códice Florentino* y la *Historia general de las cosas de la Nueva España*, apenas una generación después de la conquista de México-Tenochtitlan.

Desmoronamiento de Ce Ácatl Topiltzin
Quetzalcóatl y destrucción de Tula

La *Historia general* ofrece luego relatos impresionantes sobre la trágica suerte del sacerdote Quetzalcóatl, debidos probablemente a los mismos colaboradores indígenas. Son páginas que describen escenas fantasiosas donde los seres humanos son sustituidos por dioses o demonios empeñados en destruir el prestigio del sacerdote Quetzalcóatl, en un entorno pleno de personajes sobrenaturales y con tres episodios dramáticos.

El primero trata el enfrentamiento del sacerdote Quetzalcóatl con el demonio Titlacahuan (Tezcatlipoca), el de múltiples disfraces, quien lo asedia sin tregua (figura 6.25).

Figura 6.25. El sacerdote Quetzalcóatl se enfrenta al demonio Titlacahuan (Tezcatlipoca) quien, disfrazado de hombre viejo, le ofrece un vaso de pulque. Imagen tomada de *Códice Florentino*, 1979, Libro III, f. 12r.

Sigue luego el momento crítico en que Quetzalcóatl es engañado por demonios disfrazados, quienes lo inducen a emborracharse y olvidar sus deberes sacerdotales, pues ya embriagado infringe sus votos y tiene relaciones sexuales con su hermana Quetzalpetlatl o con una sacerdotisa (figura 6.26).

Finalmente, el sacerdote humillado y vencido por los demonios que lo alucinan se ve forzado a abandonar Tula, con unos cuantos seguidores (figura 6.27). En la fuga pierde las riquezas atesoradas, deambula por varios lugares donde deja su huella y emprende un viaje a Tlapallan, en la costa del Golfo de México, donde se dice que muere y se transfigura en Estrella de la Mañana, Venus (figura 6.28). Este fantasioso relato y sus pinturas corresponden a la inventiva de los sabios y tlacuilos nahuas que sobrevivieron a los desastres de la conquista española y empezaron a reescribir y redibujar su pasado, influidos por el golpe de la inaudita derrota y las tradiciones cristianas inculcadas por los frailes que trabajaron en su conversión.

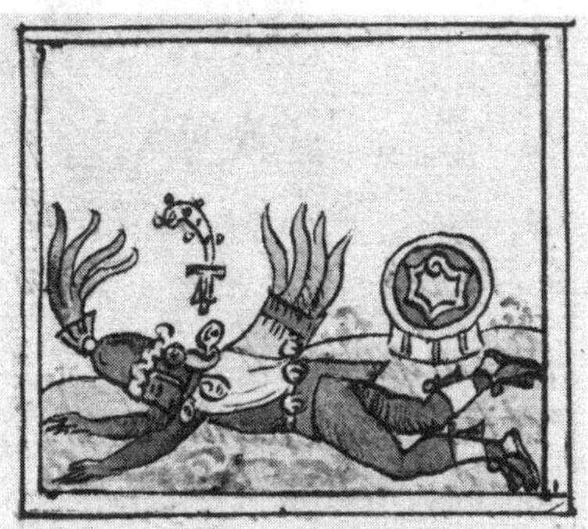

FIGURA 6.26. El sacerdote Quetzalcóatl, borracho, cae al suelo. Imagen tomada de *Códice Florentino*, 1979, Libro III, f. 22r.

FIGURA 6.27. Escena del abandono de Tula por el sacerdote Quetzalcóatl, quien lleva en su mano derecha el bastón curvo y en la izquierda una bolsa de incienso. Encabeza, junto con Xipe Totec, a un grupo de personas que abandona Tula y luego atraviesan unas montañas gemelas. Dibujo de Raúl Velázquez basado en el *Códice Vaticano A*, lámina XII, en Kingsborough, *Antigüedades de México*, vol. III, 1964.

FIGURA 6.28. Transfiguración de Quetzalcóatl. En esta imagen se ve cómo el sacerdote Quetzalcóatl se quema y se transforma en la Estrella de la Mañana, en el lugar llamado Tlapallan. Dibujo de Raúl Velázquez basado en el *Códice Vaticano A*, lámina XIII, en Kingsborough, *Antigüedades de México*, vol. III, 1964.

La Tula histórica de la arqueología y la iconografía

Desde 1940, muchos arqueólogos e historiadores, atraídos por los antiguos relatos indígenas y por la *Historia general* sobre Ce Ácatl Topiltzin Quetzalcóatl y su Tula grandiosa, emprendieron sucesivas excavaciones en ese sitio. Así descubrieron que Tula Chico, llamada por los relatos indígenas Tulancingo, se pobló en 650 y fue destruida en 850, seguida por la fundación de Tula, cuya vida se prolongó hasta 1150. En "5 Calli, 717 años", dice el cronista Chimalpahin: "Aquí en éste [año], por primera vez los colhuaque asentaron en el mando al de nombre Tepiltzin".

Sucesivas jornadas de trabajo arqueológico e investigación continua durante décadas revelaron la existencia de una gran ciudad construida alrededor de una amplia plaza (figuras 6.29 y 6.30). En el área central hubo palacios, juegos de pelota, templos, largos corredores techados y otros edificios suntuosos cuya disposición semejaba el diseño urbano de Chichén Itzá, y su trazo seguía la orientación astronómica que había hecho célebre a Teotihuacán. Los arqueólogos han fechado el florecimiento de esta gran Tula entre 900 y 1150, año este último en que fue destruida, incendiada y saqueada.

El hallazgo arqueológico de Tula trajo consigo grandes sorpresas, al confirmar la existencia no de la Tula fabulosa de los cantos y relatos nahuas, pero sí de una ciudad de gran relevancia. Luego se dieron a conocer más palacios, monumentos, estelas, pilastras y enormes cariátides cuyas esculturas, grabados y pinturas mostraron una iconografía del poder y la preeminente figura del jefe guerrero y conquistador, ampliamente exaltada.

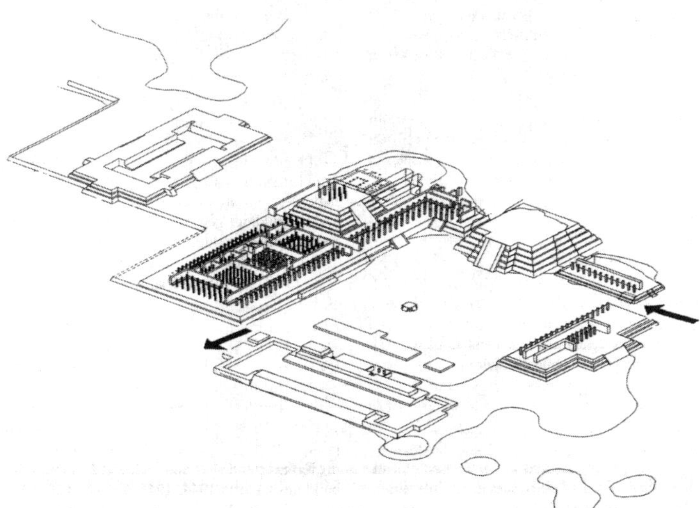

FIGURA 6.29. Reconstrucción del centro ceremonial de Tula. Imagen tomada de Mastache, Cobean y Healan, *Ancient Tollan*, 2002, p. 90.

FIGURA 6.30. Dibujo reconstructivo de la Pirámide B o Templo de la Serpiente Emplumada de Tula, realizado por L. Covarrubias y su equipo. Imagen tomada de *Tula*, 1982, p. 78.

Cynthia B. Kristan-Graham y Elizabeth Jiménez García mostraron que el rasgo que distingue a los personajes en los bajorrelieves, esculturas y pinturas de Tula es su representación como guerreros, sea en forma individual o en composiciones colectivas (figura 6.31).

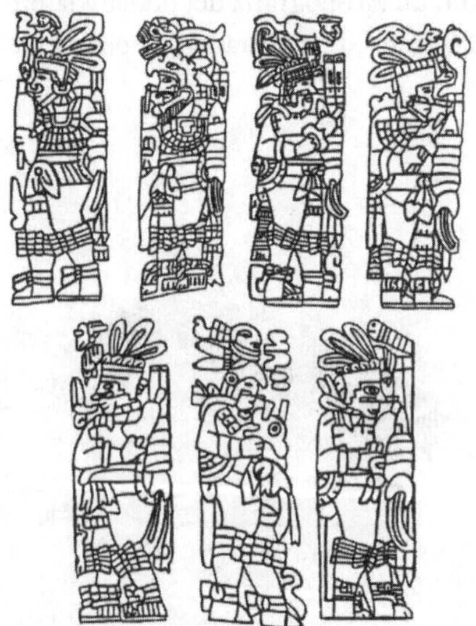

FIGURA 6.31. Personajes con vestidura y símbolos guerreros retratados en los pilares de la Pirámide B de Tula, el palacio de gobierno. Cada uno de ellos tiene glifos cerca de sus cabezas que seguramente se refieren a sus nombres. Imagen tomada de Jiménez García, *Iconografía de Tula*, 1998, p. 457.

Las famosas columnas que sostenían el techo del palacio real, y que hoy resaltan estáticas y aisladas en el paisaje, portan los conocidos cascos y penachos toltecas, llevan en las manos dardos y lanzadardos, tienen amarrado en su parte trasera un espejo redondo y sus rasgos e indumentaria son semejantes al prototipo del guerrero originado en Teotihuacán y continuado con variaciones en Xochicalco, Cholula y Chichén Itzá (figuras 6.32 y 6.33).

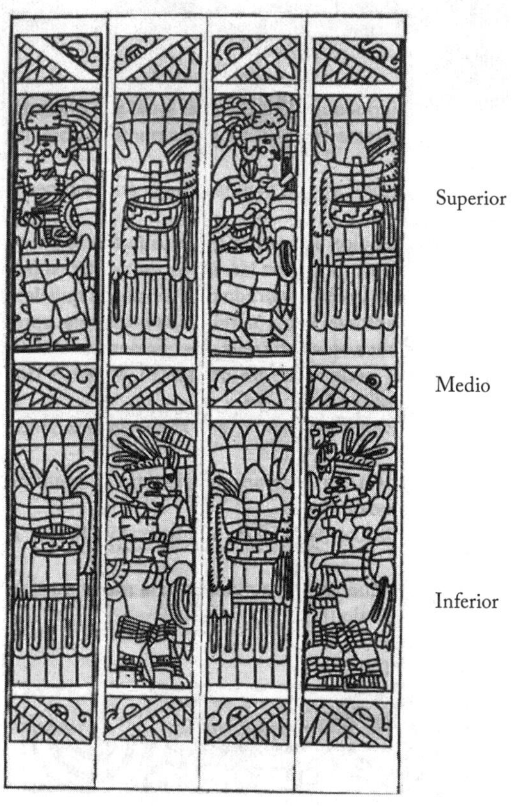

FIGURA 6.32. Personajes armados con lanzadardos, instrumentos curvos y dardos; llevan pectoral en forma de mariposa, rodilleras y ajorcas. Van caminando y algunos hablan o cantan, como lo expresan las vírgulas que salen de su boca. Pilastra 2 del edificio B de Tula. Imagen tomada de Jiménez García, *Iconografía de Tula*, 1998, p. 104.

FIGURA 6.33. Las famosas columnas de la Pirámide B de Tula que sostenían el techo de la gran sala que coronaba el palacio real. Son, como lo revela su indumentaria, retratos emblemáticos del guerrero tolteca. Fotografías: Magali Maruf.

Son representaciones del grupo gobernante y en las sandalias llevan impresa la figura de la Serpiente Emplumada, el emblema distintivo del gobernante tolteca (figura 6.34).

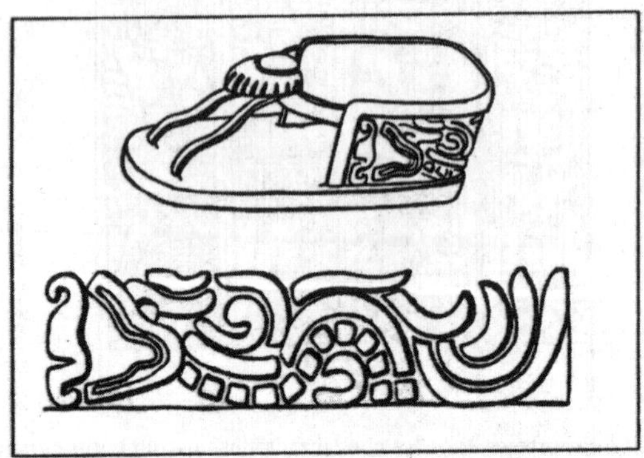

FIGURA 6.34. El emblema de la Serpiente Emplumada en la parte trasera de las sandalias de las columnas de Tula. Imagen tomada de Jiménez García, *Iconografía de Tula*, 1998, p. 358.

Con gran asombro, en ninguno de los palacios, monumentos, esculturas, pilastras o pinturas descubiertas por los arqueólogos se encontró rastro del personaje que en las crónicas indígenas o en las obras de fray Bernardino de Sahagún llamaban Ce Ácatl Topiltzin Quetzalcóatl. Tampoco hay prueba alguna en las ruinas de Tula del sacerdote Quetzalcóatl, exaltado en los relatos indígenas o en las obras de los frailes y escritores españoles, y menos aún hay constancia del culto al dios Quetzalcóatl. Lo que predomina en la Tula arqueológica es la figura del guerrero en los monumentos y en lo que fue el palacio real de esa capital legendaria, y también la representación de la Serpiente Emplumada que rodea con su cuerpo a personajes muy ataviados y fuertemente armados (figuras 6.35 y 6.36). La investigación contemporánea tampoco ha confirmado la existencia del mítico sacerdote y rey de Tula, aunque sí da cuenta de la fundación y el esplendor urbano, artístico y militar de la gran capital tolteca entre 900 y 1150.

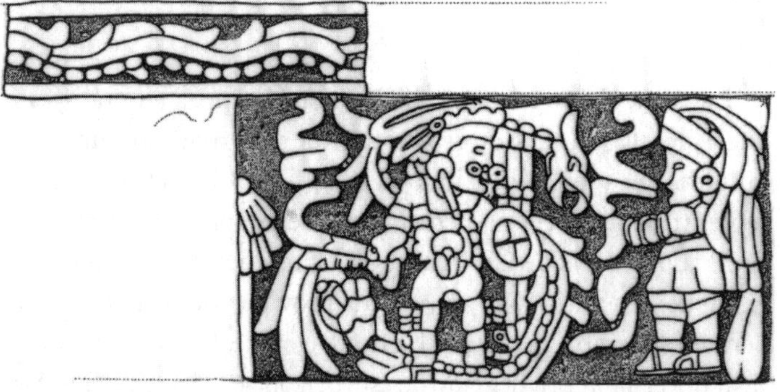

Figura 6.35. Altar del llamado Palacio al Este del Vestíbulo en Tula, cuyo personaje central, profusamente ataviado y con escudo y armas en las manos, es rodeado por otros individuos que cantan o dicen discursos. Su cuerpo está enmarcado por el emblema de la Serpiente Emplumada. En la cornisa del altar ondula otra Serpiente Emplumada. Dibujo de Raúl Velázquez basado en Umberger, "Antiques Revivals and References to the Past in Aztec Art", 1987, p. 75, figura 9.

FIGURA 6.36. Representación de la figura de un guerrero en un pendiente de concha procedente de Tula. El emblema de la Serpiente Emplumada rodea su cuerpo. Dibujo de Raúl Velázquez basado en Covarrubias, *Indian Art of Mexico and Central America*, 1957.

La arqueología e iconografía contemporáneas han ratificado que Tula tuvo su auge en esos años y fue gobernada por una casta guerrera que reestableció los poderes del Estado en la región más septentrional de Mesoamérica. Estos testimonios vuelven verosímil la presencia de Ce Ácatl Topiltzin Quetzalcóatl, venerado en los textos antiguos y cuya fama proviene de instaurar y gobernar ese reino legendario. La fundación de Tula es el sillar que sustenta el lugar privilegiado de este personaje y del reino que trasladó a esa región distante de la cultura y las tradiciones de Teotihuacán. El prestigio de Topiltzin Quetzalcóatl se fundamenta en su imagen carismática como fundador de la gran Tula y por ser el representante del emblema oficial de la tradición teotihuacana, la Serpiente Emplumada (figura 6.37).

Figura 6.37. Es probable que esta escultura encontrada en Tula fuera el trono de sus gobernantes. Una serpiente con dos cabezas era el símbolo del linaje real de muchos pueblos prehispánicos. Dibujo de Raúl Velázquez basado en López Luján, Cobean y Mastache, *Xochicalco y Tula*, 1995, p. 181.

Entre los dioses, gobernantes, sabios, sacerdotes, guerreros, caudillos, héroes y dirigentes de la antigüedad mesoamericana, nadie alcanzó el prestigio, la fama, el carácter, la ubicuidad ni la multivalencia de representaciones de Ce Ácatl Topiltzin Quetzalcóatl, Serpiente Emplumada. Su simbolismo original, serpiente y pájaro, recorrió todos los tiempos, culturas y lenguas de la extensa Mesoamérica. En la fecha temprana de 150-210, la imagen de la Serpiente Emplumada estampada en un monumento de Teotihuacán se convirtió en símbolo del poder de los señoríos y reinos que le sucedieron: Cacaxtla, Xochicalco, Chichén Itzá, Tula, Tilantongo, Coixtlahuaca y Tenochtitlan (figura 6.38).

FIGURA 6.38. Representaciones de la Serpiente Emplumada como emblema real de los gobernantes de Teotihuacán, Xochicalco, Cacaxtla, Chichén Itzá, Coixtlahuaca, Tula y México-Tenochtitlan. Dibujos de Raúl Velázquez basados en Fuente, *La pintura mural prehispánica en México. Teotihuacán*, 1995, p. 12; Torre (ed.), *Adela Breton*, 1993, p. 132; Smith, "The Iconography of Power at Xochicalco", 2000, p. 62, figura 4.2; Foncerrada de Molina, *Cacaxtla*, 1993, lámina IX; el *Lienzo de Coixtlahuaca*; Pasztory, *Aztec Art*, 1983, lámina 119; Sáenz y Sáenz, *Quetzalcóatl*, 1962, figura 62; y Nicholson y Quiñones, *Art of Aztec Mexico*, 1983, p. 97.

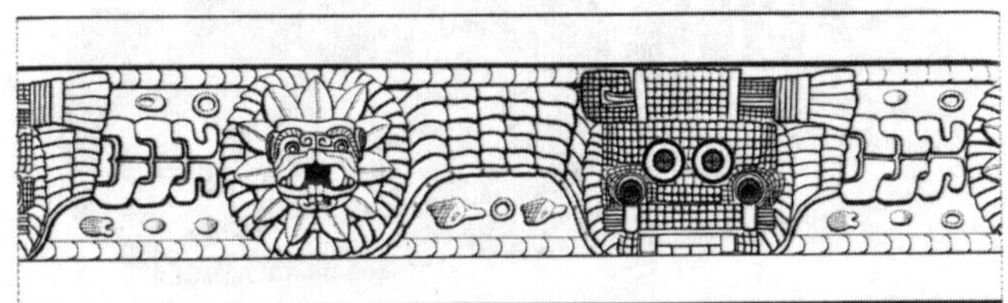

Teotihuacán (150-210)

Xochicalco (900)

Cacaxtla (800)

Chichén Itzá (800-900)

Coixtlahuaca (1100)

Tenochtitlan (1500)

Ce Ácatl Topiltzin Quetzalcóatl en Tula,
grabado por los mexicas (1450-1500)

Urna funeraria azteca encontrada
en el Templo Mayor (1450-1500)

Desde la creación de sus primeros señoríos y reinos, los pobladores de Mesoamérica imprimieron indeleblemente la imagen y el nombre de sus gobernantes; fijaron en sus calendarios las fechas de su nacimiento y gobierno; y como en el caso de Ce Ácatl Topiltzin Quetzalcóatl, registraron sus actos políticos y hechos trascendentales con elocuencia, hasta que el paso del tiempo los volvió portentos memoriosos. La investigación contemporánea ha revisado los datos históricos e interpretado con nuevos instrumentos epigráficos, lingüísticos, arqueológicos e históricos sus significados, así como sus expresiones religiosas, míticas y legendarias. Esas indagaciones ratificaron que el personaje histórico que fundó Tula fue Topiltzin Quetzalcóatl, como lo consignó en 1957 Henry B. Nicholson en su brillante e insuperable obra *Topiltzin Quetzalcoatl* (figura 6.39).

FIGURA 6.39. Portada de la obra de Henry B. Nicholson, *Topiltzin Quetzalcoatl. The Once and Future Lord of the Toltecs*, publicada en 2001.

Los sabios y supervivientes indígenas del trauma de la Conquista transformaron al antiguo gobernante tolteca en un sacerdote enemigo de los sacrificios humanos, virtuoso ejecutor de los ritos religiosos y en culposo pecador obligado a dejar su santuario y morir en el exilio. Bajo el impacto de la catástrofe que trastocó su mundo para siempre, y condicionados por el ascendiente de los frailes españoles que les inculcaron la nueva fe, la imaginería y los preceptos de la religión cristiana, los supervivientes indígenas configuraron la imagen de un Quetzalcóatl redentor, un Quetzalcóatl mítico que habría de volver y restaurar el reino perdido. Esa imagen enriquecida por medio de cantos, mitos, códices, crónicas, esculturas, pinturas y letras de múltiples lenguas se proyectó con tal fuerza que perduró por siglos, y vive y reaparece en nuestros días, incesantemente transformada.

Vida y hazañas de 8 Venado, Garra de Jaguar

El eminente arqueólogo mexicano Alfonso Caso descubrió que tanto el *Códice Nuttall* como los códices *Vindobonensis, Colombino, Becker I* y *Bodley* proceden de la Mixteca oaxaqueña y no del México Central o del área zapoteca, como se había creído por largo tiempo. Estos documentos constituyen el corpus más importante del que disponemos para conocer el origen y desarrollo de los reinos de la Mixteca entre los siglos XII y XV.

Estos manuscritos narran la historia de la creación del mundo mixteco, la formación de su territorio, el origen de los seres humanos y de las plantas cultivadas, y forman un compendio histórico único acerca de los primeros señoríos y reinos mixtecos. Se trata de los primeros relatos históricos que, en pieles de venado cubiertas de yeso y pintadas con bellos colores, cuentan el origen de los señoríos y linajes mixtecos, destacando las hazañas de sus gobernantes y el poderío de sus reinos (figura 7.1).

A)

B)

Figura 7.1. A) *Códice Vindobonensis*. Reproducción en el Museo Nacional de Antropología. Imagen tomada de Mediateca INAH (CC BY-NC). B) *Códice Nuttall*. Fotografía: Michel Wal (CC-BY-SA-3.0).

Su escritura, composición y contenido llamaron poderosamente la atención tanto de curiosos como de historiadores desde los años iniciales de la Conquista, y muchos de estos manuscritos están hoy fuera de nuestro país. En México sólo se conserva el *Códice Colombino* (figura 7.2), estudiado por Alfonso Caso y resguardado en la bóveda de seguridad de la Biblioteca Nacional de Antropología en la Ciudad de México.

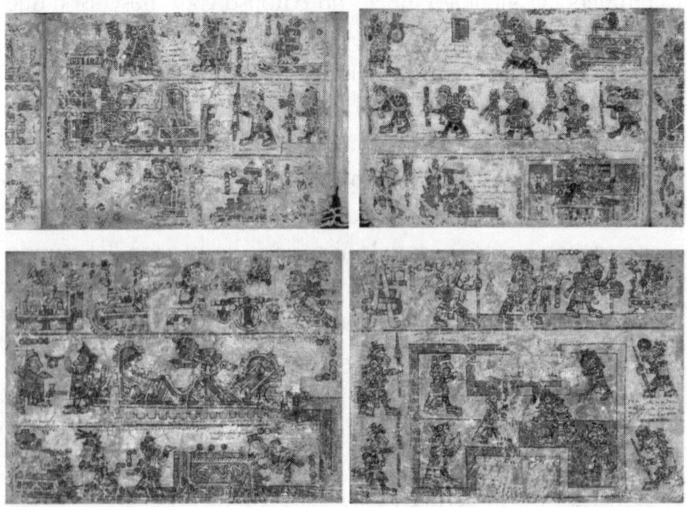

FIGURA 7.2. Láminas del *Códice Colombino*. Imágenes tomadas de «codices.inah.gob.mx» (CC BY-NC 4.0).

Francisco de Burgoa (1600-1681), fraile dominico conocedor de la notable colección de libros pintados de Oaxaca, los describió en su *Palestra historial*, donde registró sus características de la siguiente manera:

Entre la barbaridad de estas naciones se hallaron muchos libros a su modo […] donde todas sus historias escribían con unos caracteres tan abreviados, que [en] una sola hoja plana expresaban lugar, sitio, provincia, año, mes y día […] y para esto a los hijos de los señores a los que escogían para el sacerdocio enseñaban, e instruían desde su niñez haciéndoles decorar aquellos caracteres y tomar de memoria las historias y de estos mesmos instrumentos he tenido en mis manos, y oídolos explicar a algunos viejos con bastante admiración [...] solían poner estos papeles, o como tablas de cosmografía pegados a lo largo en las salas de los señores, por grandeza y vanidad, preciándose de tratar en sus juntas y visitas de aquellas materias.

Entre los siglos VIII y IX, la Mixteca (figura 7.3) experimentó una fuerte convulsión política que en los códices es descrita como la "Guerra contra la gente que vino del Cielo". Esta contienda tuvo por escenario los primeros señoríos que se fundaron en la Mixteca Alta, como Suchixtlán, Jaltepec y Tilantongo (figura 7.4).

FIGURA 7.3. Mapa de la Mixteca. Imagen tomada de Lind, "Arqueología de la Mixteca", 2008, p. 15.

FIGURA 7.4. Fin de la "Guerra contra los hombres rayados y fundación de Tilantongo", un episodio de "La Guerra del Cielo". En la parte superior derecha se ve descender del cielo a los "hombres rayados". En la parte media, lado izquierdo, sobresale el templo de Tilantongo donde se guardaban las reliquias de 9 Viento, el dios fundador y protector del reino. Imagen tomada de *Códice Nuttall. Lado 2*, 2008.

La "Guerra del Cielo" y la "Guerra contra los hombres rayados", mencionadas en los códices, significan la desaparición de los antiguos reinos del periodo Clásico y el establecimiento de nuevos señoríos y linajes en la Mixteca Alta.

En el entorno político, la consolidación de estos señoríos fue obra de una nueva generación de líderes, cuyos nacimientos, matrimonios, guerras, alianzas, triunfos y alcances se detallaron en los códices con precisión extraordinaria. Gráficamente, se anotaba el nombre calendárico y personal de cada individuo, así como el lugar, el día y los años del acontecimiento, señalando su significación política, social, religiosa o sobrenatural. Fue una nueva forma de relación de hechos que refería la antigua historia del origen de los reinos y la fundación del territorio, aunque presentada con personajes históricos de rasgos heroicos.

Uno de estos personajes es 8 Venado, cuyas hazañas colman las imágenes de los principales códices mixtecos. 8 Venado nació probablemente en Tilantongo, el gran señorío de la Mixteca Alta. Su padre fue el señor 5 Lagarto, sumo sacerdote del Templo del Cielo, lugar de culto a 9 Viento, el dios creador del territorio, los seres humanos, los linajes y los reinos de la Mixteca. Con la protección de su padre, los primeros años de 8 Venado lo señalan como guerrero en varios sitios cercanos a Tilantongo (figura 7.5).

FIGURA 7.5. Arriba al centro, 8 Venado joven con vestido sacerdotal; lo señalan ocho bolitas rojas y la cara de venado. Abajo a la derecha, la diosa 9 Hierba, un personaje clave en la carrera militar y política de 8 Venado. *Códice Nuttall*, lámina 44. D.R. © Marco Antonio Pacheco / *Arqueología Mexicana* / Raíces.

8 Venado recibió ese nombre calendárico, además del apelativo personal de Garra de Jaguar, un signo que le acompañaría en los códices y que probablemente ganó por su valor como guerrero (figura 7.6). Había iniciado sus proezas militares con la conquista del señorío de Tututepec en la costa del Pacífico y años más tarde emprendería una ambiciosa campaña para ocupar el

trono del antiguo y prestigiado señorío de Tilantongo, al que no tenía legítimo derecho.

Al final de su prolongada empresa militar y política llegó a dominar entre 75 y 100 pueblos y señoríos, una hazaña que lo transformó en el unificador de la región y en su gobernante más poderoso. Varios códices mixtecos muestran su imagen de guerrero, con su nombre calendárico y una máscara de jaguar como tocado.

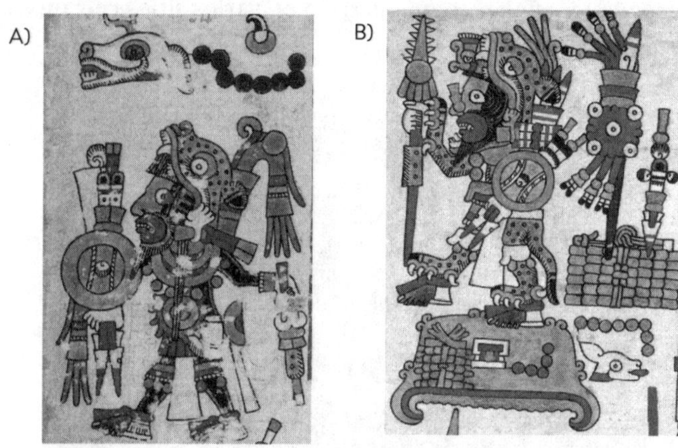

FIGURA 7.6. A) 8 Venado con indumentaria de guerrero. Se identifica por el signo de 8 bolitas y la cabeza del venado. Arriba de su nombre calendárico se advierte la garra de jaguar saliendo de un círculo. B) 8 Venado como gran conquistador de señoríos. Imagen tomada de Anders, Jansen y Pérez Jiménez (eds.), *Crónica mixteca*, 1992, láminas 49 y 73.

En un segundo matrimonio, su padre, 5 Lagarto, Lluvia-Sol, se casó con una mujer noble del cerro de la "Cabeza y Cola" de Tututepec. Luego de vivir un tiempo en Tilantongo, los años formadores de 8 Venado transcurrieron en Tututepec, donde se destacó como guerrero y celebró sus hazañas con ofrendas y ceremonias religiosas que extendieron su prestigio. Los códices *Colombino*, *Becker I* y *Nuttall* registran sus diversos matrimonios y el nacimiento de sus numerosos hijos, estrategia típica del poder para forjar alianzas y asegurar la sucesión del linaje.

Los códices referidos provienen de distintas regiones y presentan momentos diferentes de la vida de 8 Venado, cada uno elaborado con los caracteres propios del lugar donde ocurrieron los hechos. Quienes han estudiado estos manuscritos advierten que sólo analizando los variados y contradictorios relatos sobre 8 Venado es posible trazar un perfil claro de este personaje extraordinario. Aquí sigo el laborioso trabajo de interpretación de Manuel Hermann Lejarazu, sin duda alguna el mejor intérprete de los códices que aluden a este héroe.

En las láminas de los manuscritos hay muchas ceremonias religiosas y visitas a santuarios y oráculos que gozaban de gran prestigio en la Mixteca, pero sobresalen las hazañas de guerra y de conquista, y la fundación de nuevos señoríos (figura 7.7). Son los relatos de la nueva nobleza en el poder, y por tanto procuran consignar escrupulosamente las acciones de guerra y conquista, así como los nombres de las dinastías que gobernaron los señoríos. Dan realce al prestigio de sus antepasados y hacen constar que la fundación del reino es muy antigua.

FIGURA 7.7. 8 Venado y la Señora 13 Serpiente-Serpiente de Flores en una ceremonia. Imagen tomada de *Códice Nuttall. Lado 2*, 2008, lámina 27.

Una parte considerable de las conquistas de 8 Venado se realizó en compañía de su hermano mayor, el Señor 12 Movimiento, Jaguar Sangriento, gran guerrero, hijo de otra mujer de su padre. El *Códice Nuttall* da cuenta de esa serie de conquistas en gran escala en las láminas 46 a 48 (figura 7.8).

FIGURA 7.8. Conquistas de 8 Venado en la región costera de Tututepec. Los lugares aparecen flechados, símbolo de conquista. Imagen tomada de *Códice Nuttall. Lado 2*, 2008, p. 29.

Cuando alcanzó la edad de 20 años, 8 Venado conquistó el señorío de Tututepec en la Mixteca de la Costa. Ahí aparece sentado en un trono, acompañado por el Señor 12 Movimiento, Jaguar Sangriento (figura 7.9). Esta escena, muy bien expuesta por Manuel Hermann Lejarazu en su edición del *Colombino*, muestra el monumento del Templo del Cielo que 8 Venado mandó construir y el topónimo de Tututepec, Yucu Dzaa. Este templo es una copia del original levantado en el centro del señorío de Tilantongo en honor al dios 9 Viento, creador del territorio, los seres humanos, los bienes de la civilización y patrono de los linajes mixtecos.

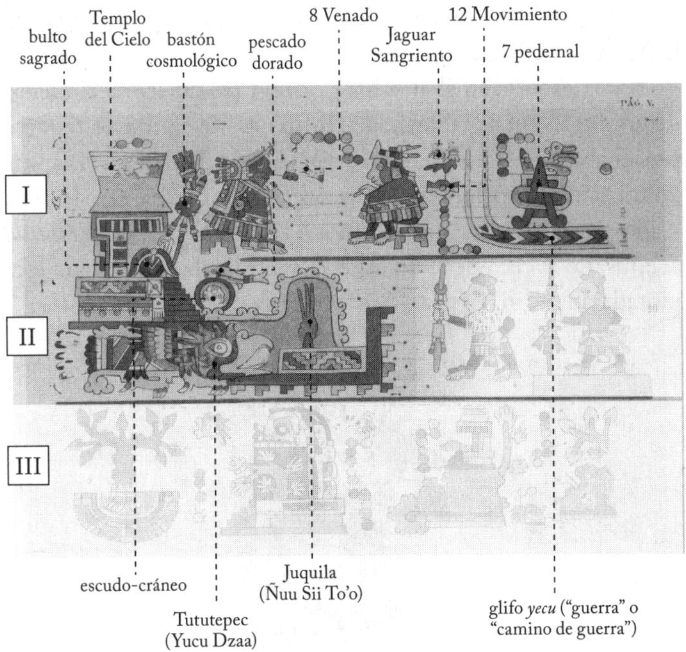

FIGURA 7.9. Arribo de 8 Venado a Tututepec y símbolos de poder que lo acompañan en su entronización. Reconstrucción e identificación de personajes, topónimos y nombres de Manuel Hermann Lejarazu. *Códice Colombino*, lámina 3, p. V. D.R. © Oliver Santana / *Arqueología Mexicana* / Raíces.

Ya adueñado del señorío de Tututepec, 8 Venado emprendió la conquista de varios lugares de la región costera de la Mixteca. En 1085, un año después de su entronización en Tututepec, 8 Venado ya había logrado conquistar 10 pueblos de esa zona. Más tarde se apoderó del Valle de la Lluvia y del Cerro de la Iguana en la actual Pinotepa Nacional, sumando 27 pueblos, como lo señala una página del *Códice Colombino*. Según las imágenes de éste y otros códices, 8 Venado y su hermano 12 Movimiento habían comenzado su campaña en 1084, y para 1095 tenían consolidado el señorío de Tututepec. De acuerdo con los códices, la diosa 9 Hierba indujo a 8 Venado a conquistar este lugar de la Mixteca de la Costa.

Poco después, en el año 1097, se registró un acontecimiento de gran relevancia: la llegada a Tututepec de emisarios toltecas provenientes de Cholula, en el actual estado de Puebla, la capital política más importante de la región. Se sabe que habían sido enviados por su gobernante, el Señor 4 Jaguar. En el *Códice Nuttall* el emisario tolteca tiene un aspecto sacerdotal, pues su cara está pintada de negro (figura 7.10).

FIGURA 7.10. A) 9 Viento, el numen protector de Tilantongo, en la lámina 46 del *Códice Nuttall*. D.R. © Marco Antonio Pacheco / *Arqueología Mexicana* / Raíces. B) Personaje con la máscara de 9 Viento que llega a Tututepec con otros tres acompañantes. *Códice Colombino*, p. 12. D.R. © Oliver Santana / *Arqueología Mexicana* / Raíces.

El *Códice Colombino* también registra la llegada de estos viajeros a Tututepec (figura 7.11). En él se ve a cuatro emisarios del Señor 4 Jaguar de Cholula trasladándose a Tututepec para reunirse con 8 Venado, Garra de Jaguar. El marco de este encuentro es la cancha de un juego de pelota.

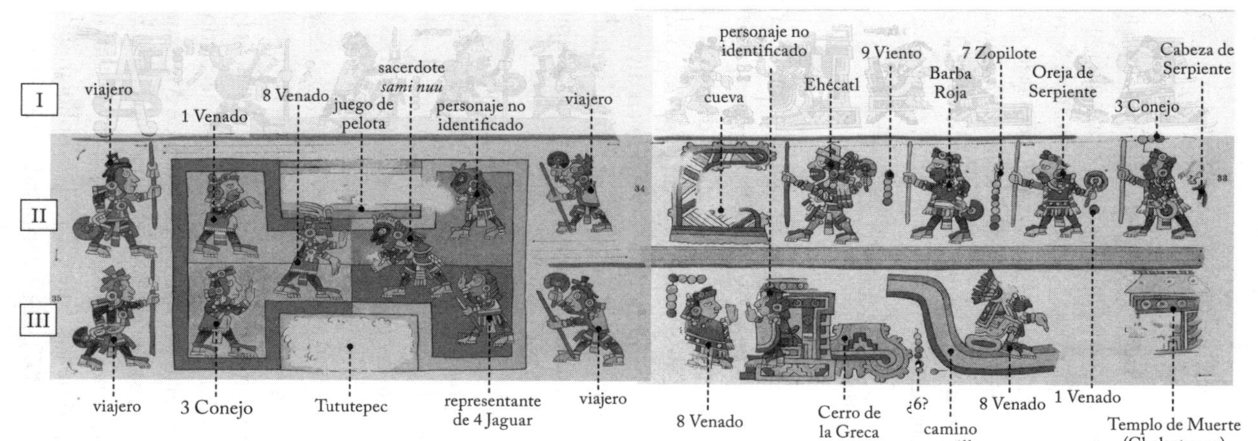

FIGURA 7.11. Llegada de los emisarios toltecas a Tututepec (derecha) y su encuentro con 8 Venado en la cancha del juego de pelota (izquierda). Reconstrucción e identificación de personajes, topónimos, nombres y fechas de Manuel Hermann Lejarazu. *Códice Colombino*, lámina 6, pp. XI y XII. D.R. © Oliver Santana / *Arqueología Mexicana* / Raíces.

Hermann Lejarazu describe así esta escena:

> cuatro señores que visitan a 8 Venado caminan por un largo
> camino amarillo [...] En primer lugar (de derecha a izquierda),
> aparece un hombre llamado 3 ¿Conejo?, Cabeza de Serpiente,
> quien porta báculo y abanico; después, está un personaje con [...] el
> sobrenombre de Oreja de Serpiente [...] y por último [aunque en
> realidad es el primero si lo leemos de izquierda a derecha] es un
> personaje que representa al dios 9 Viento y que, tal vez, sea un sa-
> cerdote que personifica a esta importante deidad pues encabeza
> al grupo de visitantes.

Se registra también el viaje de un alto emisario, el Señor 10 Viento de Tututepec, quien se dirige a Cholula para preparar un acontecimiento político crucial: el encuentro de 8 Venado con el Señor 4 Jaguar. En este episodio jugó un papel importante la diosa 9 Caña, aliada y protectora de 8 Venado en diversas empresas, quien acompañó al Señor 10 Viento a la Ciudad de los Tules, donde éste se entrevistó con 4 Jaguar para propiciar la reunión con 8 Venado (figura 7.12).

Los preparativos del encuentro de 8 Venado con el señor tolteca de Cholula se apresuraron en el año 6 Pedernal o 1096 por la misteriosa muerte del joven Señor 2 Lluvia, legítimo soberano de Tilantongo, el gran señorío de la Mixteca Alta. Las disensiones políticas en la Mixteca Alta intervinieron en el trágico desenlace del señor de Tilantongo. La oportunidad de ese vacío de poder acicateó las ambiciones de 8 Venado para ocuparlo, y la asociación con el poderoso reino de Cholula representó el medio estratégico clave para lograr ese objetivo. Los toltecas dominaban entonces gran parte del norte y el centro de Mesoamérica.

El *Colombino* precisa las acciones de esta etapa de la vida de 8 Venado y exhibe el buen recibimiento que tuvo su arribo a la renombrada Ciudad de los Tules, Tollan-Chollolan, el día 13 Lagarto, año 7 Casa (1097), de conformidad con el *Códice Nuttall*.

FIGURA 7.12. Reunión del Señor 8 Venado (derecha) con el Señor 4 Jaguar (izquierda), rindiendo honores al Envoltorio Sagrado, símbolo del dios 9 Viento, protector de Tilantongo. Imagen tomada de *Códice Nuttall. Lado 1*, 2006, lámina 57.

Cholula era entonces la capital tolteca de esta región y ejercía fuerte influencia política y comercial hacia la Mixteca. La página 13 del *Colombino* consigna el gran momento en que 8 Venado fue elevado al rango de señor tolteca, *tecuhtli*, en Cholula, el día 1 Viento del año 7 Casa (1097). Ahí retrata a 8 Venado recostado en el instante en que un gran sacerdote le horada la nariz y otro se apresta a colocarle la nariguera de turquesa que señala su nuevo título de nobleza (figura 7.13).

Con toda esta ceremonia, 8 Venado fue elevado al rango político más alto de la tradición tolteca (figura 7.14). La alianza de 8 Venado con el gobernante de Cholula fue tan significativa que tres de los más importantes códices mixtecos (*Nuttall, Colombino* y *Becker I*) la reiteran sin variaciones considerables. Esta insignia, resume Hermann Lejarazu, "le significó a 8 Venado un título que lo reconocía como fundador de un nuevo linaje, y la posibilidad de inaugurar una dinastía".

La investigación reciente ha dado a conocer que el acto de investidura de los nuevos gobernantes comenzó en Teotihuacán

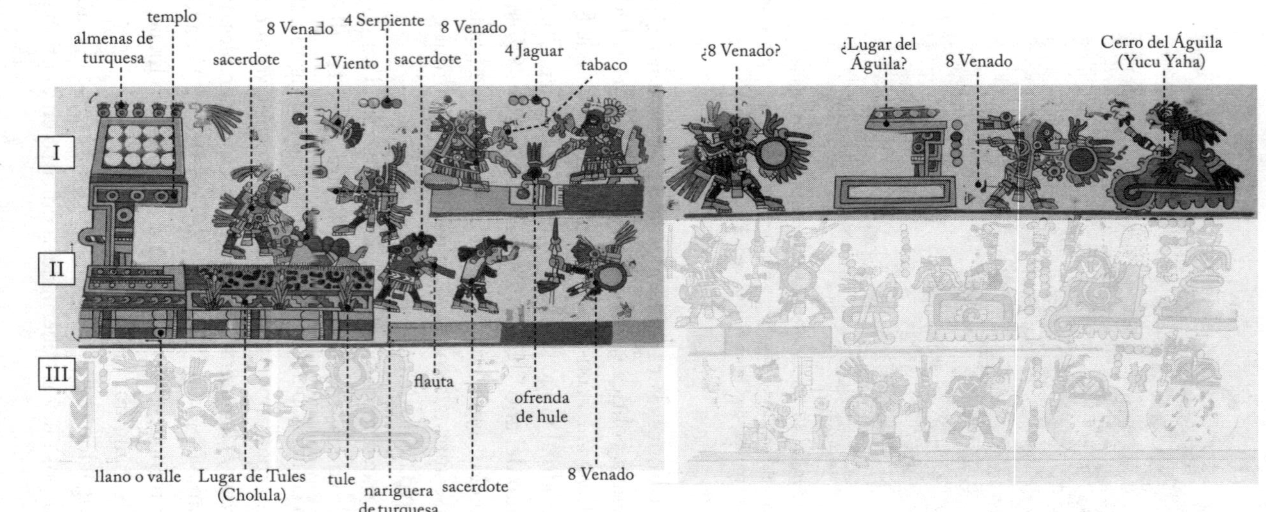

Figura 7.13. Ceremonia de imposición de la nariguera de turquesa a 8 Venado, Garra de Jaguar, en Cholula. Identificación de personajes, topónimos, nombres y fechas de Manuel He-mann Lejarazu. *Códice Colombino*, lámina 7, pp. XIII y XIV. D.R. © Oliver Santana / *Arqueología Mexicana* / Raíces.

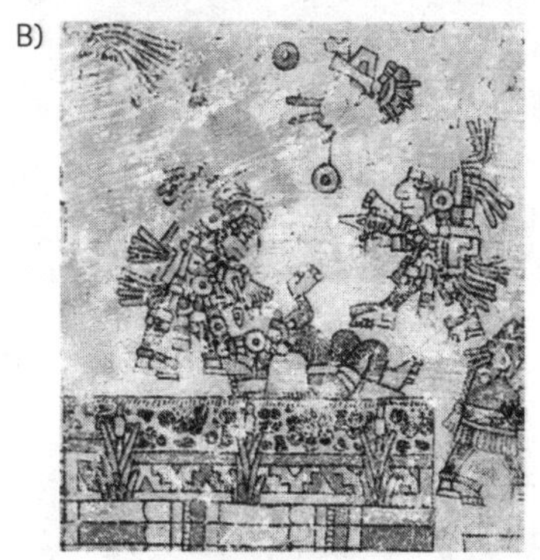

Figura 7.14. Tres versiones de la ceremonia que convierte en Señor a 8 Venado mediante la inserción de una piedra preciosa en el septum de su nariz. A) *Códice Nuttall*. Imagen tomada de *Códice Nuttall. Lado 1*, 2006. B) *Códice Colombino*, folio XIII. Imagen tomada de «codices.inah.gob.mx» (CC BY-NC 4.0). C) *Códice Bodley*. Imagen tomada de Marcus, *Mesoamerican Writing Systems*, 1993, p. 324.

a principios de la época Clásica. Tres días después de recibir la nariguera de turquesa, 8 Venado, Garra de Jaguar, y el señor tolteca 4 Jaguar celebraron alianzas y pactaron campañas conjuntas entre ambos pueblos (figuras 7.15, 7.16 y 7.17), las cuales condujeron a sonadas conquistas.

Figura 7.15. El Señor 4 Jaguar y el Señor 8 Venado, ambos con narigueras, ratifican su alianza con ofrendas. Imagen tomada de *Códice Nuttall. Lado 1*, 2006.

Figura 7.16. El Señor 4 Jaguar de Cholula (izquierda) y 8 Venado (derecha) confirman su alianza en una ceremonia. Imagen tomada de *Códice Nuttall. Lado 1*, 2006, p. 39.

FIGURA 7.17. El Señor 4 Jaguar y 8 Venado viajan en canoa y regresan a Tilantongo, acontecimiento que celebran en una cancha de juego de pelota. Imagen tomada de *Códice Nuttall. Lado 1*, 2006, p. 95.

Fortalecido con este nuevo poder, 8 Venado aplicó medidas drásticas para descartar a los posibles aspirantes al trono de Tilantongo. Seis días después de haber recibido la nariguera de turquesa, 8 Venado regresó a la Mixteca y emprendió nuevas campañas de conquista.

El *Códice Colombino*, hecho probablemente en Tututepec, relata parte de esas conquistas. Menciona un poblado llamado Peña del Cielo, quizá cerca de Apoala, el sitio sagrado que se reconoce como lugar de origen de los mixtecos. Más adelante, el códice describe un viaje de carácter extraordinario por un camino amarillo que conduce a 8 Venado al Templo del Cielo de Tilantongo. Otros testimonios señalan que en el Templo del Cielo estaba el bulto sagrado de 9 Viento, fundador del antiguo Tilantongo. En la parte baja de la figura 7.18 están representados los cuatro árboles que marcaban las cuatro direcciones o rumbos del universo.

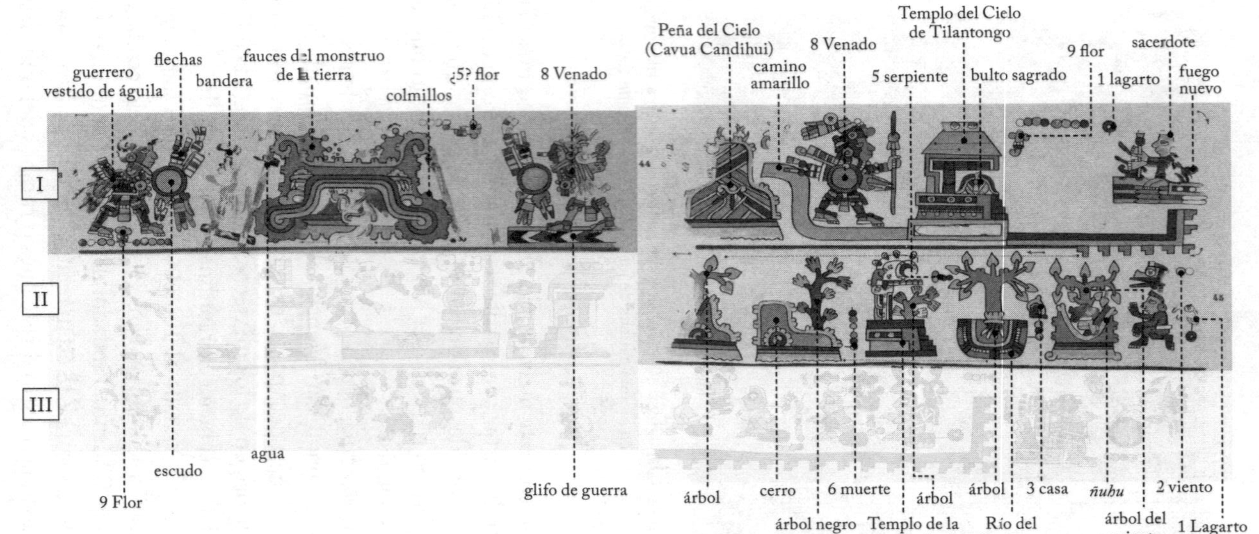

FIGURA 7.18. Llegada de 8 Venado al Templo del Cielo en Tilantongo. Reconstrucción, identificación de personajes, topónimos, nombres y fechas de Manuel Hermann Lejarazu. *Códice Colombino*, lámina 8, p. XV y lámina 9, p. XVII. D.R. © Oliver Santana / *Arqueología Mexicana* / Raíces.

Según Hermann Lejarazu, tal vez aludan a un viaje simbólico, un recorrido por los cuatro límites del territorio conquistado por 8 Venado. Ahí se muestra a un sacerdote que en el día 2 Viento se acerca a un cerro situado en el oriente, donde sale el sol. El día 3 Casa, un árbol aparece en el poniente. "En el día 6 Muerte llega al árbol negro del norte. Por último, hay un árbol parcialmente destruido que sale del interior de un cerro y que podría ser una referencia al quinto rumbo del universo, es decir, el centro" (figura 7.18, derecha).

La ceremonia del recorrido de 8 Venado por los cuatro rumbos del universo es la misma que todos los conquistadores y gobernantes de Mesoamérica celebraban como un acto primordial de la toma de posesión del territorio. Simula en efecto el recorrido del sol, que surge del oriente, sigue hacia el norte, luego torna al poniente y al concluir su viaje en el sur delimita los cuatro rumbos de la tierra. Esta ceremonia y las campañas de conquista prepararon la entronización de 8 Venado en Tilantongo.

En esta figura se puede reconocer el bulto sagrado en el interior del templo y a 8 Venado, Garra de Jaguar, quien llega armado y con bastón de mando. Gracias a lugares, nombres y personajes identificados por Hermann Lejarazu, es apreciable un individuo pequeño en el acto de encender el Fuego Nuevo, la ceremonia que celebra la entronización de 8 Venado, Garra de Jaguar, en el Templo del Cielo de Tilantongo (figuras 7.19 y 7.20).

La gran ceremonia de posesión de Tilantongo, festejada con numerosas ofrendas y ritos, fue seguida por una asamblea convocada por 8 Venado, Garra de Jaguar, para celebrar su ascenso al señorío, que ahora reuniría a las tres regiones de la Mixteca. El *Códice Nuttall* señala que a este boato acudieron 112 señores en "el año 8 Conejo, día 4 Viento", es decir, 1098. 8 Venado tenía entonces 35 años de edad. Las páginas 53 a 68 del *Nuttall* enumeran a los asistentes y su procedencia (figura 7.21).

En el Lugar Negro, Tilantongo, la antigua capital de la Mixteca Alta, 8 Venado fue proclamado supremo gobernante "por una gran multitud de señores nobles", procedentes de numerosos

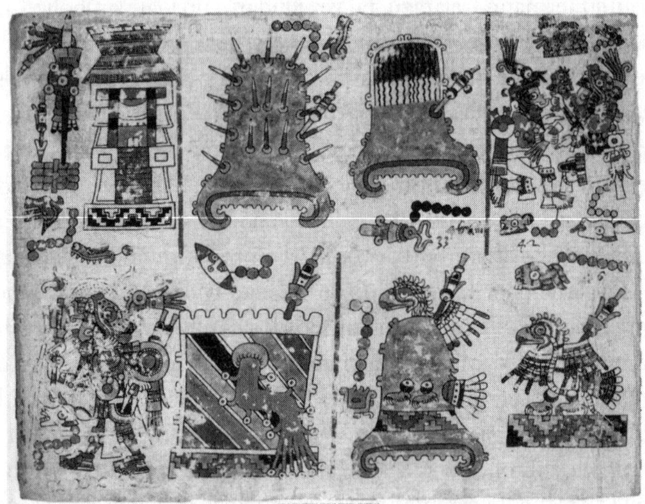

Figura 7.19. Entronización de 8 Venado en el Templo del Cielo en Tilantongo (arriba a la izquierda), donde se representan los símbolos de fundación de una nueva dinastía: el bastón cosmológico. Imagen tomada de *Códice Nuttall. Lado 1*, 2006, p. 39.

Figura 7.20. Entronización de 8 Venado en el Templo del Cielo en Tilantongo. Imagen tomada de *Códice Nuttall. Lado 1*, 2006, p. 69.

FIGURA 7.21. Arribo de los señores 5 Movimiento, 4 Águila, 7 Hierba, 10 Caña, 4 Lluvia y 7 Caña a la entronización de 8 Venado en Tilantongo. Al lado de cada señor se identifica su lugar de procedencia. Imagen tomada de *Códice Nuttall. Lado 1*, 2006, p. 53.

señoríos de la Mixteca. El *Códice Bodley* recoge esta ceremonia, que se prolongó por 21 días. Maarten Jansen y Gabina Aurora Pérez Jiménez, editores y comentaristas de ese códice, interpretan así este pasaje:

> El Señor 8 Venado regresó a [Yucu Tnúú-Tilantongo], donde depositó los sagrados objetos del poder: el cetro de gobierno, el escudo precioso y el Bulto Sagrado. El día 4 Viento, en el año 8 Conejo (1098) señaló su elevación al poder en este pueblo central de la Mixteca Alta.

De todas las partes de la Mixteca los grandes señores llegaron a Tilantongo a celebrar la entronización de 8 Venado, ahora más poderoso que nunca. Él presidió la ceremonia, y aparece representado en un tamaño mayor que el de los demás participantes.

El año de 1098 fue su momento de gloria, cuando recibió el más alto título de poder y alcanzó la principal de sus ambiciones.

Apenas concluida esa gran celebración, 8 Venado emprendió nuevas campañas, ahora con el señor tolteca 4 Jaguar. El *Colombino* informa que en estas empresas participaron sus hermanos 12 Movimiento y el Señor 8 Flor. Fueron acciones militares, acompañadas de ritos y peregrinaciones al Templo del Cielo en Tilantongo. Las páginas 17, 18 y 19 de este códice se encuentran muy deterioradas, por lo que resulta complicado reconstruir lo que aconteció. El *Códice Nuttall* menciona 40 pueblos sometidos en esta campaña, antes de que 8 Venado llegara a la costa oriental de Veracruz. Estas conquistas, difícilmente identificadas en los manuscritos citados, culminan con el rito del juego de pelota entre 8 Venado y el Señor 4 Jaguar, en el año 9 Caña, 1099 (figura 7.22).

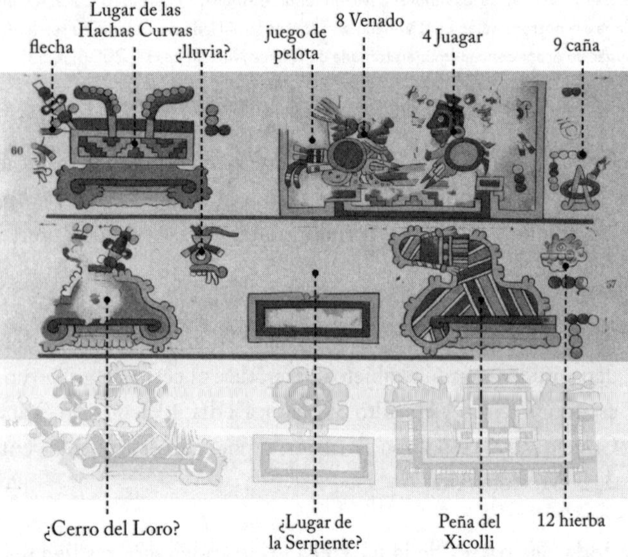

FIGURA 7.22. Escena del juego de pelota entre 8 Venado y 4 Jaguar. Reconstrucción, identificación de personajes, topónimos, nombres y fechas de Manuel Hermann Lejarazu. *Códice Colombino*, lámina 11, p. XXI. D.R. © Oliver Santana / *Arqueología Mexicana* / Raíces.

Las hazañas de 8 Venado y 4 Jaguar terminan en el *Colombino* con un viaje sobrenatural que, como observa su analista más acucioso, "no tiene parangón en ninguna de las historias plasmadas en los códices". En este viaje fantástico, 8 Venado y 4 Jaguar parece que entran en una gruta y llegan a un largo río subterráneo, por el que nadan entre grandes olas que se levantan durante su travesía (figura 7.23). Estas aventuras acuáticas se registran en la página 75 del *Código Nuttall*, donde 8 Venado y 4 Jaguar atacan una isla.

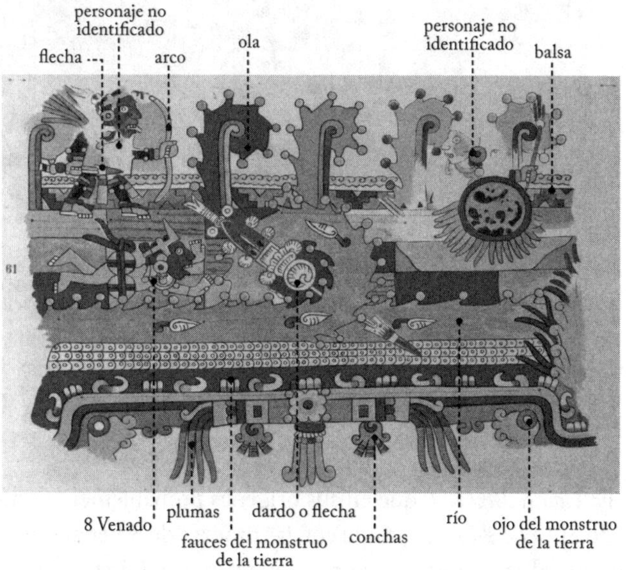

FIGURA 7.23. Viaje sobrenatural de 8 Venado y 4 Jaguar en un río subterráneo. Reconstrucción, identificación de personajes, topónimos, nombres y fechas de Manuel Hermann Lejarazu. *Códice Colombino*, lámina 11, p. XXII. D.R. © Oliver Santana / *Arqueología Mexicana* / Raíces.

En la última página del *Códice Colombino*, 8 Venado aparece armado con lanzadardos y escudo, junto a 4 Jaguar y frente al Cerro Peña Encorvada. Ambos llevan la nariguera de turquesa y sus acciones son de guerra (figura 7.24).

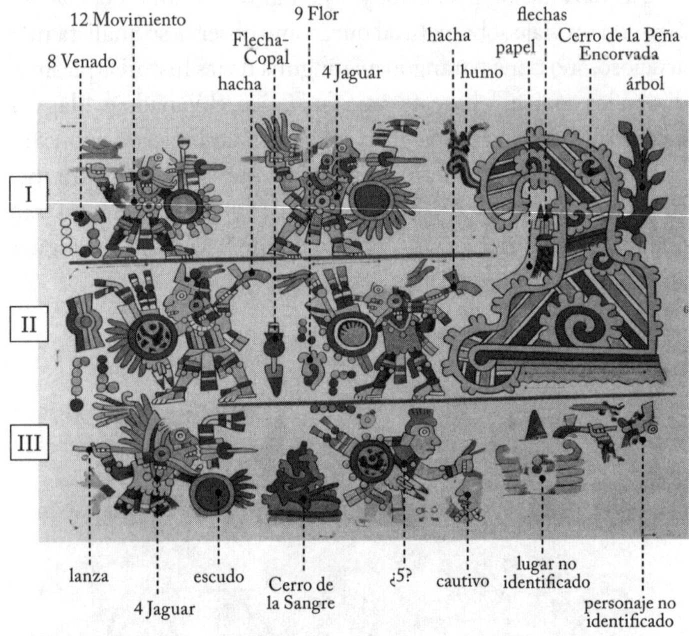

FIGURA 7.24. 8 Venado y 4 Jaguar en posición de ataque, en un lugar identificado como Cerro de la Peña Encorvada. Reconstrucción, identificación de personajes, topónimos, nombres y fechas de Manuel Hermann Lejarazu. *Código Colombino*, lámina 12, p. XXIV. D.R. © Oliver Santana / *Arqueología Mexicana* / Raíces.

El *Códice Becker I*, que en sus orígenes probablemente estaba unido al *Colombino*, continúa con las proezas de 8 Venado acompañado del señor tolteca 4 Jaguar. Su primera página muestra en la parte inferior derecha un ostentoso templo, adornado de jades y turquesas en el techo, que se derrumba ante la acometida de los guerreros (figura 7.25). El templo que cae es la Casa del Sol.

La última conquista de 8 Venado adquiere tintes triunfales. Otra página del *Becker I* presenta un gran templo, la Casa del Sol, y a la derecha se encuentra 1 Muerte, el sacerdote del dios del sol, seguido por 8 Venado y 4 Jaguar. Abajo hay un madero y un taladro, con los que se celebra la ceremonia del Fuego Nuevo,

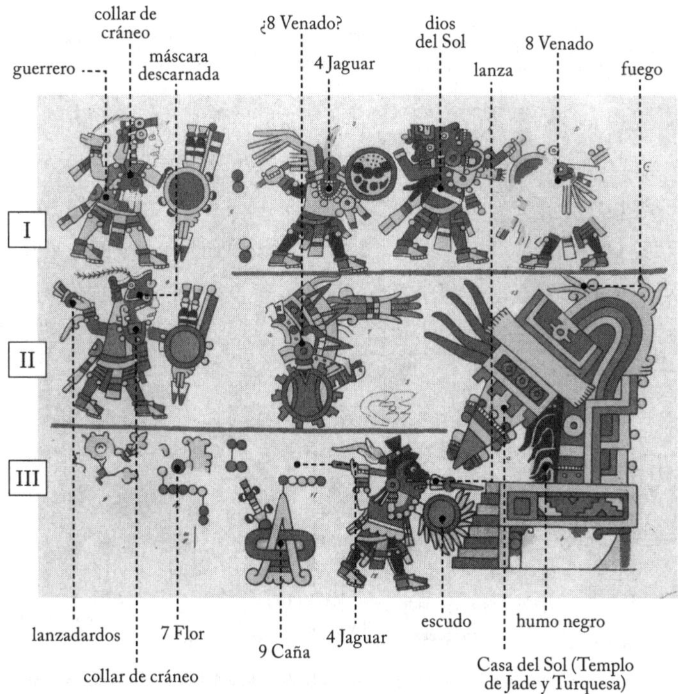

FIGURA 7.25. Derrumbe de la Casa del Sol bajo la acometida de 8 Venado y 4 Jaguar. Reconstrucción, identificación de personajes, topónimos, nombres y fechas de Manuel Hermann Lejarazu. *Códice Becker I*, p. 1. D.R. © Oliver Santana / *Arqueología Mexicana* / Raíces.

que simboliza el inicio de una nueva era (figura 7.26). Este acto se ratifica con la entrega del bastón de mando a 8 Venado, que le hace el dios del sol en la página 79 del *Códice Nuttall*.

Hermann Lejarazu interpreta la visita a la Casa del Sol de manera simbólica como la entrada de 8 Venado al mismo cielo, quizá para comunicarse con sus antepasados. La página 4 del *Becker I* presenta una imagen de la Casa del Sol y luego a 8 Venado y 4 Jaguar, quienes apuntan con sus manos hacia una abertura en la mitad del cielo (figura 7.27).

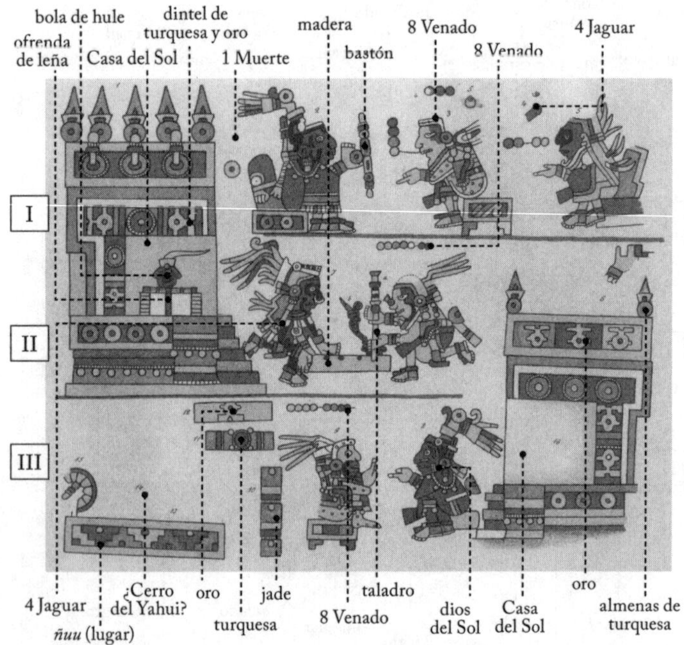

FIGURA 7.26. Conquista de la Casa del Sol por 8 Venado y 4 Jaguar. En la parte central se ve el encendido del Fuego Nuevo y la celebración del triunfo. Reconstrucción, identificación de personajes, topónimos, nombres y fechas de Manuel Hermann Lejarazu. *Códice Becker I*, p. 3. D.R. © Oliver Santana / *Arqueología Mexicana* / Raíces.

Según los manuscritos que relatan la historia de este gran guerrero, la suerte de 8 Venado cambia luego de sus últimas conquistas. El *Códice Nuttall* informa que tras la misteriosa visita al cielo regresa a Tilantongo, atravesando el mar y avizorando el volcán del Pico de Orizaba. Poco después de celebrar sus victorias con 4 Jaguar, se entera de la trágica muerte de 12 Movimiento, su hermano mayor, asesinado en el año 1100 en un temazcal. El *Colombino* no registra el momento de la muerte de 12 Movimiento, pero sí el *Nuttall* en la página 86.

Sin embargo, el *Código Colombino* narra con detalle las ceremonias que 8 Venado dispuso para honrar el cuerpo de su

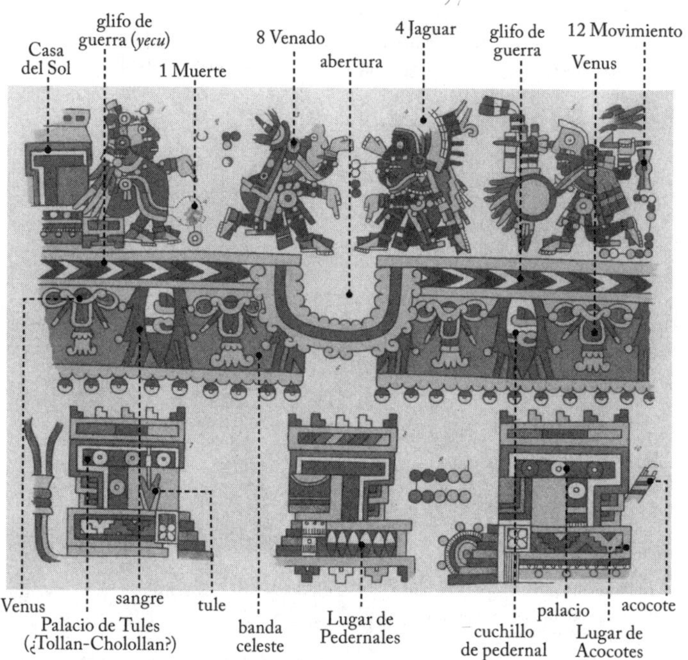

FIGURA 7.27. Estancia extraordinaria de 8 Venado y 4 Jaguar en un lugar celeste según el *Códice Becker I*. Reconstrucción, identificación de personajes, topónimos, nombres y fechas de Manuel Hermann Lejarazu. *Códice Becker I*, p. 4. D.R. © Oliver Santana / *Arqueología Mexicana* / Raíces.

hermano. En la página 6, un personaje prende fuego a la pira de cremación de 12 Movimiento. Abajo, sus huesos son atados y envueltos en un bulto (figura 7.28). Otras escenas exhiben la elaboración del bulto sagrado de 12 Movimiento. Estos ritos y ceremonias se realizan bajo la presencia vigilante de 8 Venado y sus hermanos.

En 1101, un año después de la muerte de su hermano, 8 Venado, Garra de Jaguar, acomete una campaña para aniquilar a la familia de los asesinos. Conquista el lugar del Bulto de Xipe y hace prisioneros a sus gobernantes, 10 Perro y 6 Casa. Al año siguiente, 8 Venado los sacrificaría en un cadalso mediante la

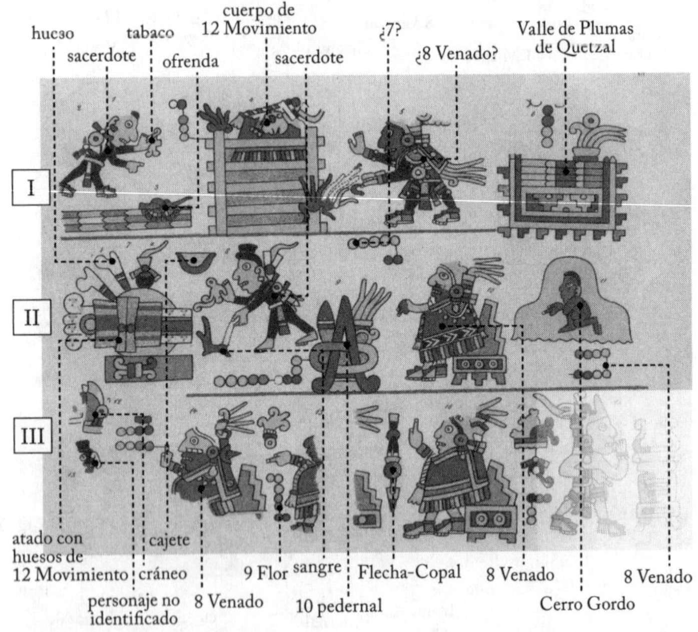

FIGURA 7.28. Ceremonia de cremación y conversión de los huesos de 12 Movimiento en bulto sagrado, con la presencia de 8 Venado. Reconstrucción, identificación de personajes, topónimos, nombres y fechas de Manuel Hermann Lejarazu. *Códice Becker I*, p. 6. D.R. © Oliver Santana / *Arqueología Mexicana* / Raíces.

ceremonia de flechamiento, como consta en la página 11 del *Becker I*. Ahí aparece 10 Perro amarrado a una estructura de madera, flechado por el personaje de la izquierda que está armado con lanzadardos (figura 7.29).

Sin embargo, aun cuando 8 Venado quiso acabar con la familia gobernante de Bulto de Xipe y Jaltepec, uno de los hijos del señorío de Bulto de Xipe, 4 Viento, pudo huir con sólo nueve años de edad. Más tarde, 4 Viento logró prosperar en Lugar de Pedernales, un poblado cercano a Tilantongo, y comenzó a planear su propia venganza. A pesar de que esta sección del *Colombino* sufrió un grave deterioro, la reconstrucción de Hermann Lejarazu

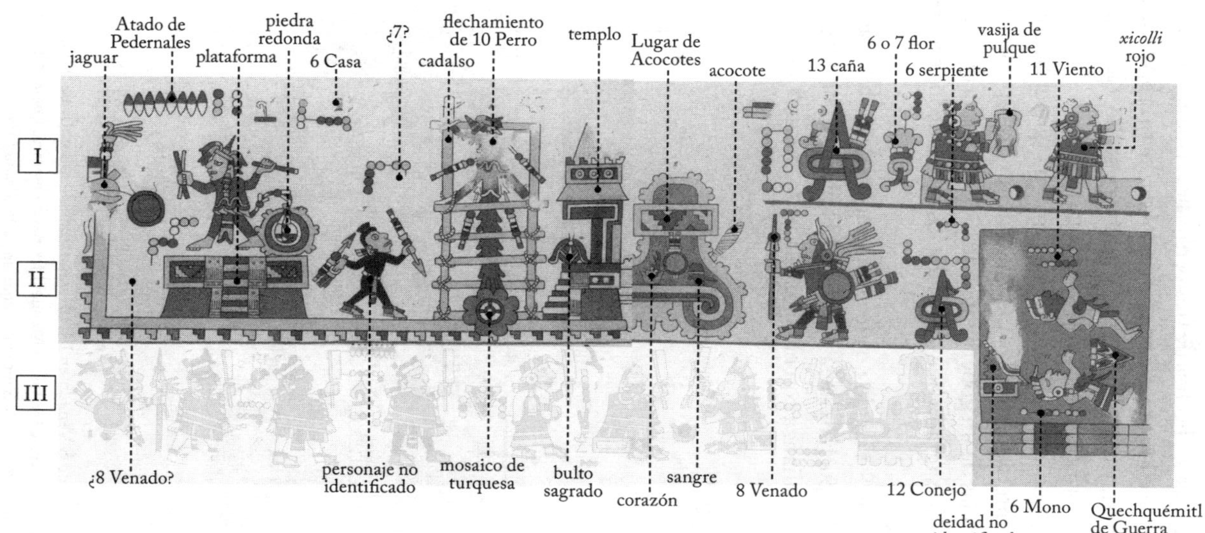

FIGURA 7.29. Flechamiento de 10 Perro, uno de los asesinos de 12 Movimiento. Reconstrucción, identificación de personajes, topónimos, nombres y fechas de Manuel Hermann Lejarazu. *Códice Becker I*, pp. 10-11. D.R. © Oliver Santana / *Arqueología Mexicana* / Raíces.

permite reconocer los hechos de tres personajes armados con arco y flecha. Uno de ellos penetra en el sitio donde duerme 8 Venado, Garra de Jaguar, y cuchillo en mano le abre el pecho y le saca el corazón en el día 12 Casa del año 1115 (figura 7.30).

En el reverso del *Códice Bodley* se consigna que el Señor 8 Venado fue enterrado con las insignias de un gran personaje, equivalentes a las de un gobernante tolteca, en la cueva de Chalcatongo, el sitio sagrado que guardaba los restos de los señores de Tilantongo.

La muerte de 8 Venado no afectó la relación de los toltecas de Cholula con los pueblos de la Mixteca. El tolteca Señor 4 Jaguar hizo una nueva alianza con el Señor 4 Viento, asesino y sucesor

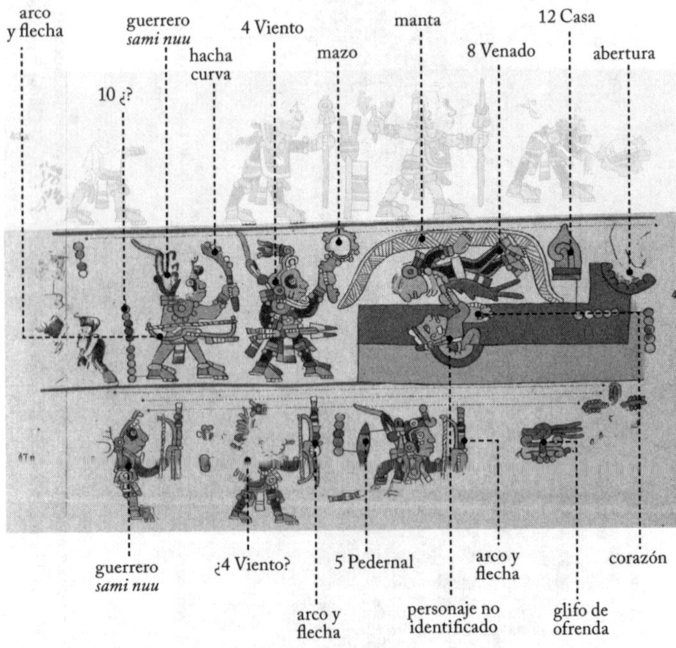

FIGURA 7.30. Muerte de 8 Venado en 1115. Reconstrucción, identificación de personajes, topónimos, nombres y fechas de Manuel Hermann Lejarazu. *Códice Colombino*, lámina 8, p. XVI. D.R. © Oliver Santana / *Arqueología Mexicana* / Raíces.

de 8 Venado, y más tarde con otros gobernantes de la Mixteca, y los señoríos mixtecos siguieron considerando a Cholula su mejor aliado. Así, Coixtlahuaca, en la Mixteca Baja, fue un centro político y comercial clave en la relación con Cholula y los pueblos sureños del actual estado de Puebla. Un vínculo comercial y político semejante unió a la Mixteca Alta con estas regiones, así como a la posterior confederación que registra John M. Pohl entre Cholula, Tlaxcala, Huexotzinco, Cuauhtinchan, Tepeyacac, Tecamachalco, Coxcatlan y Teotitlán.

El relato en imágenes de los códices mixtecos conduce a un nuevo escenario histórico, donde los dioses primordiales intangibles y los dioses-héroes dejan su lugar a los caudillos guerreros y jefes políticos, quienes ocupan el primer plano de las láminas.

8 Venado no era un descendiente de la vieja nobleza ni tenía derechos legítimos para aspirar al gobierno del reino más importante de la Mixteca. Sin embargo, por sus actos heroicos se convirtió en el actor político más destacado de su tiempo: unificador de los dispersos y conflictivos señoríos mixtecos, constructor de un pasado antes diluido en pequeños señoríos y gobernante supremo de toda la Mixteca. Su mandato fue el más celebrado y recordado, y Tilantongo pasó a la historia como el centro político y religioso donde se conservaron las reliquias del portentoso dios 9 Viento, creador de la tierra, el agua, las montañas y los seres mixtecos.

8 Venado, Garra de Jaguar, vivió apenas 48 años, pero dejó una larga descendencia y un prestigio perdurable. La memoria de 8 Venado y del reino de Tilantongo continuó presente en los cantos, ritos, códices y lienzos de la región mixteca por más de 500 años, como lo registra el mapa de Teozacualco, fechado hacia 1580. En ese documento, célebre por el análisis que Antonio Caso hizo de la genealogía de sus gobernantes (figura 7.31), se asienta que la dinastía de Teozacualco provenía del gran Señor 8 Venado, el fundador en el año 1098 de la nueva dinastía de Tilantongo.

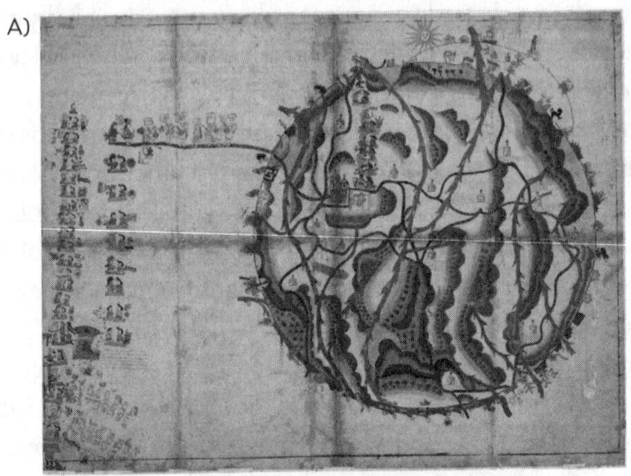

Figura 7.31. A) Copia del plano de Teozacualco mandada al rey Felipe II en 1580. A la derecha, el plano del pueblo. A la izquierda, la genealogía de sus gobernantes. B) Detalle de la genealogía. Mapoteca "Manuel Orozco y Berra", del Servicio de Información Agroalimentaria y Pesquera.

BIBLIOGRAFÍA BÁSICA

Naturaleza divina de los dioses
e historicidad de los héroes

Dibble, Charles E., *Códice Xólotl*, México, UNAM, 1980.

Florescano, Enrique, *¿Cómo se hace un dios? Creación y recreación de los dioses en Mesoamérica*, México, Taurus, 2016.

Kirchhoff, Paul, Lina Odena Güemes y Luis Reyes García (eds.), *Historia tolteca-chichimeca*, México, FCE, 1989.

Vidal-Naquet, Pierre, *El mundo de Homero*, México, FCE, 2011.

Los ritos más antiguos sobre la creación del
cosmos y el principio de los reinos

Alcalá, Jerónimo de, *La relación de Michoacán*, Francisco Miranda (versión paleográfica, separación de textos, ordenación coloquial, estudio preliminar y notas), Morelia, Fimax, Publicistas Editores, 1980.

Alcina Franch, José, *Calendario y religión entre los zapotecos*, México, UNAM, 1993.

Bell, Catherine, *Ritual. Perspectives and Dimensions*, Nueva York, Oxford University Press, 1997.

Berdan, Frances F., *The Aztecs of Central Mexico. An Imperial Society*, Fort Worth, Harcourt Brace College Publishers, 1982.

Broda, Johanna, "Las fiestas aztecas de los dioses de la lluvia", *Revista Española de Antropología Americana*, vol. 6, 1971, pp. 245-327.

__________, "The Sacred Landscape of Aztec Calendar Festivals: Myth, Nature and Society", David Carrasco (ed.), *To Change Place: Aztec Ceremonial Landscapes*, Niwot, University Press of Colorado, 1991, pp. 74-120.

Códice Florentino, ed. facsim. del manuscrito 218-220 de la colección Palatina de la Biblioteca Medicea Laurenziana, 3 vols., México, Casa Editorial Giunti Barbèra, 1979.

Durán, fray Diego, *Historia de las Indias de Nueva España e Islas de Tierra Firme*, México, Conaculta, 1995.

Eliade, Mircea, *El mito del eterno retorno*, Madrid, Alianza Editorial, 1972.

Florescano, Enrique, *Memoria mexicana*, México, FCE, 1994.

Girard, Raphael, *Los chortís ante el problema maya. Historia de las culturas indígenas de América, desde su origen hasta hoy*, 5 vols., México, Antigua Librería Robredo, 1949.

__________, *Los mayas: su civilización, su historia, sus vinculaciones continentales*, México, Libro Mex Editores, 1966.

Landa, fray Diego de, *Relación de las cosas de Yucatán*, María del Carmen León Cázares (estudio preliminar, cronología y revisión), México, Conaculta, 2003.

Le Goff, Jacques, "Calendario", *Enciclopedia Einaudi*, vol. 2, Turín, Giulio Einaudi, 1977, pp. 501-534.

Memorial de Sololá. Anales de los Cakchiqueles. Título de los Señores de Totonicapán, Adrián Recinos (ed.), México, FCE, 1950.

Sahagún, fray Bernardino de, *Historia General de las Cosas de la Nueva España*, Alfredo López Austin y Josefina García Quintana (estudio introductorio, paleografía, glosario y notas), 3 vols., México, Conaculta, 2000.

Tena, Rafael, *El calendario mexica y la cronografía*, México, INAH, 1987.

Townsend, Richard F., *The Aztecs*, Nueva York, Thames and Hudson, 1992.

LA CREACIÓN DEL COSMOS EN IMÁGENES

Caso, Alfonso, "Definición y extensión del complejo olmeca", *Mayas y olmecas. Segunda reunión de mesa redonda sobre problemas antropológicos de México y Centro América*, México, UNAM, 1942, pp. 43-46.

Clark, John E. (coord.), *Los olmecas en Mesoamérica*, México, El Equilibrista, 1994.

Covarrubias, Miguel, "Origen y desarrollo del estilo artístico 'olmeca'", *Mayas y olmecas. Segunda reunión de mesa redonda sobre problemas antropológicos de México y Centro América*, México, UNAM, 1942, p. 46-49.

______, "El arte 'olmeca' o de La Venta", *Cuadernos Americanos*, año V, vol. 28, núm. 4, México, UNAM, 1946, pp. 153-179.

______, *Indian Art of Mexico and Central America*, Nueva York, Alfred A. Knopf, 1957.

Freidel, David, Joy Parker y Linda Schele, *Maya Cosmos. Three Thousand Years of the Shaman Path*, Nueva York, Harper Collins, 1993.

Joralemon, Peter David, "In Search of the Olmec Cosmos: Reconstruction of the World View of Mexico's First Civilization", Elizabeth P. Benson y Beatriz de la Fuente (eds.), *Olmec Art of Ancient Mexico*, Washington, D. C., National Gallery of Art, 1996, pp. 51-59.

Popol Vuh, Allen J. Christenson (trad. del quiché al inglés, notas e introd.), México, Conaculta/FCE, (Cien del Mundo), 2012.

Reilly III, F. Kent, "Cosmología, soberanismo y espacio ritual en la Mesoamérica del Formativo", John E. Clark (coord.), *Los olmecas en Mesoamérica*, México, El Equilibrista, 1994, pp. 239-260.

______, "Art, Ritual, and Rulership in the Olmec World", *The Olmec World. Ritual and Rulership*, Princeton, The Art Museum/Princeton University, 1995, pp. 27-67.

Saturno, William, Karl Taube, David Stuart y Heather Hurst, "The Murals of San Bartolo. Part 2: The West Wall", *Ancient America*, Barnardsville, Center for Ancient American Studies, núm. 10, 2010.

Taube, Karl A., *Studies in Ancient Mesoamerican Art and Architecture: Selected Works by Karl Andreas Taube*, vol. 1, San Francisco, Precolumbia Mesoweb Press, 2018.

Townsend, Richard F., *The Aztecs*, Nueva York, Thames and Hudson, 1992.

LA CREACIÓN DEL COSMOS MAYA EN JEROGLÍFICOS (690-692 DE LA ERA ACTUAL)

Berlin, Heinrich, "The Palenque Triad", *Journal de la Société des Americanistes*, núm. 52, Nanterre, 1963, pp. 91-99.

Bernal Romero, Guillermo, "Palenque a través de sus narraciones, imágenes y monumentos", Mercedes de la Garza, Guillermo Bernal Romero y Martha Cuevas García, *Palenque-Lakamha'. Una presencia inmortal del pasado indígena*, México, FCE/Colmex/Fideicomiso Historia de las Américas, 2012.

Freidel, David, Joy Parker y Linda Schele, *Maya Cosmos. Three Thousand Years of the Shaman Path*, Nueva York, Harper Collins, 1993.

Iturriaga, José N., *Litografía y grabado en el México del XIX*, t. I, México, Inversora Bursátil, 1994.

Kelley, David H., "The Birth of the Gods at Palenque", *Estudios de Cultura Maya*, t. V, México, UNAM-IIF, 1965, pp. 93-134.

Mathews, Peter y Linda Schele, "Palenque: Hanab-Pakals Tomb", Peter Mathews y Linda Schele, *The Code of Kings. The Language of Seven Sacred Mayan Temples and Tombs*, fotografías de Macduff Everton y Justin Kerr, Nueva York, Scribner, 1998, pp. 95-132.

Proskouriakoff, Tatiana, *An Album of Maya Architecture*, Washington, Carnegie Institute of Washington, 1946.

Robertson, Merle Greene, *The Sculpture of Palenque*, vol. 1, Princeton, Princeton University Press, 1983.

Saturno, William, Karl Taube, David Stuart y Heather Hurst, "Los murales de San Bartolo, El Petén, Guatemala, Parte 1: El mural norte", *Ancient America*, Barnardsville, Center for Ancient American Studies, núm. 7, 2005.

______, "The Murals of San Bartolo. Part 2: The West Wall", *Ancient America*, Barnardsville, Center for Ancient American Studies, núm. 10, 2010.

Schele, Linda y David Freidel, *A Forest of Kings. The Untold Story of the Ancient Maya*, Nueva York, William Morrow, 1990.

Schmidt, Peter, Mercedes de la Garza y Enrique Nalda (eds.), *I Maya*, Milán, Bompiani, 1998.

Sharer, Robert y Loa Traxler, *The Ancient Maya*, Stanford, Stanford University Press, 2006.

Stuart, David, *The Inscriptions from Temple XIX at Palenque*, San Francisco, The Pre-Columbian Art Research Institute, 2005.

Stuart, David y George Stuart, *Palenque. Eternal City of the Maya*, Londres, Thames and Hudson, 2008.

Tedlock, Dennis, *2000 Years of Mayan Literature*, California, University of California Press, 2010.

EL CÓDICE MIXTECO SOBRE LA CREACIÓN DEL COSMOS Y EL PRINCIPIO DE LOS REINOS (1000-1200 DE LA ERA ACTUAL)

Anders, Ferdinand, Maarten Jansen y Gabina Aurora Pérez Jiménez, *Códice Vindobonensis. Origen e historia de los reyes mixtecos*, México, FCE/Akedemische Druck-und Verlagsanstalt/Sociedad Estatal Quinto Centenario, 1992.

Benson, Elizabeth P., y Beatriz de la Fuente (eds.), *Olmec Art of Ancient Mexico*, Washington, D. C., National Gallery of Art, 1996.

Boone, Elizabeth Hill, *Relatos en rojo y negro. Historias pictóricas de aztecas y mixtecos*, México, FCE, 2010.

Caso, Alfonso, "El mapa de Teozacoalco", *Cuadernos Americanos*, año 8, núm. 5, 1949, pp. 145 181.

———, *Reyes y reinos de la mixteca*, t. I y II, México, FCE, 1977.

Freidel, David, Joy Parker y Linda Schele, *Maya Cosmos. Three Thousand Years of the Shaman Path*, Nueva York, Harper Collins, 1993.

Furst, Jill Leslie M., *Codex Vindobonensis Mexicanus I. A commentary*, Albany, Institute for Mesoamerican Studies/University of New York at Albany, 1978.

Joralemon, Peter David, *A Study of Olmec Iconography*, Washington, D. C., Dumbarton Oaks, 1971.

Martínez Donjuán, Guadalupe, "Teopantecuanitlán, Guerrero: un sitio olmeca", *Revista Mexicana de Estudios Antropológicos*, núm. 28, 1982, pp. 128-133.

Rodríguez, María del Carmen y Ponciano Ortiz, "A Massive Offering of Axes at La Merced, Hidalgotitlan, Veracruz, Mexico", John Clark y Mary E. Pye (eds.), *Olmec Art and Archaeology in Mesoamerica*, Washington, D. C., National Gallery of Art, 2000, pp. 154-167.

Saturno, William, Karl Taube, David Stuart y Heather Hurst, "The Murals of San Bartolo. Part 2: The West Wall", *Ancient America*, Barnardsville, Center for Ancient American Studies, núm. 10, 2010.

Soustelle, Jacques, *Los olmecas*, México, FCE, 1992.

Taube, Karl A., "The Olmec Maize God", *RES. Anthropology and Aesthetics*, núm. 29-30, The Pre-columbian Art Research Institute, 1996, pp. 39-81.

EL MENSAJE DE LOS MITOS DE CREACIÓN

Edmonson, Munro S., *The Book of the Counsel: The Popol Vuh of the Quiche Maya of Guatemala*, Nueva Orleans, Middle American Research Institute-Tulane University, 1971.

Florescano, Enrique, *Memoria indígena*, México, Taurus, 1999.

__________, "El significado de los antiguos mitos mesoamericanos sobre la creación del cosmos, la fundación del reino y el principio de la civilización", Octavio Paredes-López y Sergio Estrada Orihuela (eds.), *Aportaciones científicas y humanísticas mexicanas en el siglo XX*, México, FCE/Consejo Consultivo de Ciencias/Conacyt/Academia Mexicana de Ciencias, 2008, pp. 244-251.

Havelock, Eric, *The Muse Learns to Write: Reflections on Orality and Literacy from Antiquity to the Present*, New Haven, Yale University Press, 1986.

__________, *Preface to Plato*, Cambridge, Harvard University Press, 1994.

Jacobsen, Thorkild, "Mesopotamia", H. A. Frankfort, J. A. Wilson y T. Jacobsen, *El pensamiento prefilosófico*, vol. 1, México, FCE, 1954, pp. 167-242.

__________, *The Treasures of Darkness. A History of Mesopotamian Religion*, New Haven, Yale University Press, 1976.

Kirk, Geoffrey Stephen, *The Nature of Greek Myths*, Londres, Penguin Books, 1974.

Propp, Vladimir, *Las raíces históricas del cuento*, Madrid, Fundamentos, 1979.

Ximénez, Francisco, *Historia de la provincia de San Vicente de Chiapa y Guatemala de la orden de predicadores*, Carmelo Sáenz de Santa María (notas y paleografía), Guatemala, Tipografía Nacional, 1977.

El mito del dios del maíz

Boot, Erik, "Notes on the Battle Between God L and the Maize God", manuscrito inédito, 2010.

__________, "An Annotated Overview of 'Tikal Dancer' Plates", *Mesoweb*, disponible en «http://www.mesoweb.com/features/Boot/TikalDancerPlates.pdf».

Braakhuis, H. E. M., "The Bitter Flour. Birth Scenes of the Tonsured Maize God", Rudolf van Zantwijk, Rob de Ridder y H. E. M.

Braakhuis (eds.), *Mesoamerican Dualism*, Utrecht, ISOR, 1990, pp. 125-147.

__________, "The Tonsured Maize God and Chicome-Xochitl as Maize Bringers and Culture Heroes: A Gulf Coast Perspective", *Wayeb Notes*, 32, 2009, disponible en «http://www.wayeb.org/notes/wayeb_notes0032.pdf».

Chinchilla Mazariegos, Oswaldo, *Imágenes de la mitología maya*, Guatemala, Universidad Francisco Marroquín/Museo Popol Vuh, 2011.

Coe, Michael, *Old Gods and Young Heroes. The Pearlman Collection of Maya Ceramics*, Washington, University of Washington, 1982.

Estrada-Belli, Francisco, *The First Maya Civilization. Ritual and Power before the Classic Period*, Nueva York, Routledge, 2011.

Freidel, David, Joy Parker y Linda Schele, *Maya Cosmos. Three Thousand Years of the Shaman Path*, Nueva York, Harper Collins, 1993.

Fuente, Beatriz de la, "San Martín Pajapan Monument 1", Elizabeth P. Benson y Beatriz de la Fuente (eds.), *Olmec Art of Ancient Mexico*, Washington, D. C., National Gallery of Art, 1996, pp. 162-163.

Hellmuth, Nicholas M., *The Surface of the Underwaterworld. Iconography of the Gods of Early Classic Maya Art in Peten, Guatemala*, Culver City, Foundation of Latin American Anthropological Research, 1987.

__________, *Monster und Menschen in der Maya-Kunst*, Graz, Akademische Druck-U., 1987.

Joralemon, Peter David, *A Study of Olmec Iconography*, Washington, D. C., Dumbarton Oaks, 1971.

Kerr, Barbara y Justin Kerr (eds.), *The Maya Vase Book. A Corpus of Rollout Photographs of Maya Vases*, 6 vols. Nueva York, Kerr Associates, 1989-1997.

Looper, Matthew G., *To be like Gods. Dance in Ancient Maya Civilization*, Austin, University of Texas Press, 2009.

Martínez Donjuán, Guadalupe, "Teopantecuanitlán, Guerrero: un sitio olmeca", *Revista Mexicana de Estudios Antropológicos*, núm. 28, 1982, pp. 128-133.

Maudslay, Alfred P., *Biologia Centrali-Americana; or Contributions to the Knowledge of the Fauna and Flora of Mexico and Central America*, ed. facsim. por Francis Robicsek, Nueva York, Milpatron Publishing Corp., 1974.

Miller, Mary y Marco Samayoa, "Where Maize May Grow Jade, Chacmools, and the Maize God", *RES. Anthropology and Aesthetics*, núm. 33, Cambridge, Harvard University, 1998, pp. 54-72.

Quenon, Michel y Geneviève Le Fort, "Rebirth and Resurrection in Maize God Iconography", Barbara Kerr y Justin Kerr (eds.), *The Maya Vase Book. A corpus of Rollout Photographs of Maya Vases*, vol. 5, Nueva York, Kerr Associates, 1997, pp. 884-902.

Reents-Budet, Dorie, *Painting the Maya Universe. Royal Ceramics of the Classic Period*, Durham, Duke University, 1994.

Robertson, Merle Greene, *The Sculpture of Palenque*, vol. 1, Princeton, Princeton University Press, 1983.

Robicsek, Francis, *The Maya Book of the Dead, the Ceramic Codex. The Corpus of the Codex Style Ceramics of the Late Classic Period*, Charlottesville, University of Virginia Art Museum, 1981.

Rodríguez, María del Carmen y Ponciano Ortiz, "A Massive Offering of Axes at La Merced, Hidalgotitlan, Veracruz, Mexico", John Clark y Mary E. Pye (eds.), *Olmec Art and Archaeology in Mesoamerica*, Washington, D. C., National Gallery of Art, 2000, pp. 154-167.

Saturno, William y Karl Taube, "Hallazgo: las excepcionales pinturas de San Bartolo, Guatemala", *Arqueología Mexicana*, vol. 11, núm. 66, México, Raíces, 2004, pp. 34-35.

__________, "Los murales de San Bartolo: desarrollo temprano del simbolismo y del mito del maíz en la antigua Mesoamérica", M. T. Uriarte y R. B. González Lauck (eds.), *Olmeca. Balance y perspectivas*, t. I, México, UNAM/Conaculta, 2008, pp. 287-318.

Saturno, William, Karl Taube, David Stuart y Heather Hurst, "Los murales de San Bartolo, El Petén, Guatemala, Parte 1: El mural norte", *Ancient America*, Barnardsville, Center for Ancient American Studies, núm. 7, 2005.

__________, "Los murales de San Bartolo, El Petén, Guatemala, Parte 2: El mural poniente", *Ancient America*, Barnardsville, Center for Ancient American Studies, núm. 10, 2010.

Soustelle, Jacques, *Los olmecas*, México, FCE, 1992.

Taube, Karl, "The Classic Maya Maize God: A Reappraisal", Merle Greene Robertson (ed.), *Fifth Palenque Round Table, 1983*, San Francisco, Pre-columbian Art Research Institute, 1985, pp. 171-181.

__________, *The Major Gods of Ancient Yucatan*, Washington, D. C., Dumbarton Oaks Research Library and Collection, 1992.

__________, "The Olmec Maize God", *RES. Anthropology and Aesthetics*, núm. 29-30, primavera-otoño, The Pre-columbian Art Research Institute, 1996, pp. 39-81.

__________, "Lighting Celts and Corn Fetishes: the Formative Olmec and the Development of Maize Symbolism in Mesoamerica and American Southwest", John E. Clark y Mary E. Pye (eds.), *Olmec Art and Archaeology in Mesoamerica*, Washington, National Gallery of Art/Yale University, 2000, pp. 296-337.

__________, "The Maya Maize God and the Mythic Origins of Dance", Geneviève Le Fort, Raphaël Gardiol, Sebastian Matteo y Christophe Helmke (eds.), *The Maya and their Sacred Narratives. Text and Context in Maya Mythologies, Acta Mesoamericana*, vol. 20, Markt Schwaben/Verlag Anton Saurwein, 2009, pp. 41-52.

__________, *Studies in Ancient Mesoamerican Art and Architecture: Selected Works by Karl Andreas Taube*, vol. 1, San Francisco, Precolumbia Mesoweb Press, 2018.

SERPIENTE EMPLUMADA-QUETZALCÓATL.
ORIGEN Y TRANSFORMACIONES

Armillas, Pedro, "La serpiente emplumada: Quetzalcóatl y Tláloc", *Cuadernos Americanos*, año VI, vol. 31, núm. 1, México, UNAM, 1947, pp. 161-178.

Berlo, Janet Catherine (comp.), *Art, Ideology and the City of Teotihuacan*, Washington, D. C., Dumbarton Oaks, 1992.

Berrin, Kathleen (comp.), *Feathered Serpents and Flowering Trees. Reconstructing the Murals of Teotihuacan*, San Francisco, Fine Arts Museum of San Francisco, 1988.

Cabrera Castro, Rubén, Saburo Sugiyama y George L. Cowgill, "The Templo de Quetzalcoatl Project at Teotihuacan: A Preliminary Report", *Ancient Mesoamerica*, núm. 2, Cambridge, Cambridge University Press, 1991, pp. 77-92.

Chimalpahin, Domingo, *Las ocho relaciones y el memorial de Colhuacan*, Rafael Tena (paleografía y trad.), 2 vols., México, Conaculta (Cien de México), 1998.

Cobean, Robert H., Elizabeth Jiménez García y Alba Guadalupe Mastache, *Tula*, México, Colmex/FCE, 2012.

Códice Chimalpopoca. Anales de Cuauhtitlán y Leyenda de los Soles, Primo Feliciano Velázquez (ed. y trad.), México, UNAM, 1945.

Códice Florentino, ed. facsim. del manuscrito 218-220 de la colección Palatina de la Biblioteca Medicea Laurenziana, t. I, libro 3, México, Casa Editorial Giunti Barbèra, 1979.

Coggins, Clemency y Orrin C. Shane, *El cenote de los sacrificios: tesoros mayas extraídos del cenote sagrado de Chichén Itzá*, México, FCE, 1989.

Covarrubias, Miguel, *Indian Art of Mexico and Central America*, Nueva York, Alfred A. Knopf, 1957.

Davies, Nigel, *The Toltecs until the Fall of Tula*, Norman, University of Oklahoma, 1977.

Davletshin, Albert y Érik Velásquez, "Las lenguas de los olmecas y su sistema de escritura", María Teresa Uriarte (ed.), *Olmecas*, México, UNAM-Jaca Book, 2018.

Díaz, Gisele y Alan Rodgers (eds.), *The Codex Borgia*, Bruce E. Byland (intr.), Nueva York, Dover Publications, 1933.

Florescano, Enrique, *Quetzalcóatl y los mitos fundadores de Mesoamérica*, México, Debolsillo, 2017.

Foncerrada de Molina, Marta, *Cacaxtla. La iconografía de los olmeca-xicalanca*, México, UNAM-IIE, 1993.

Fuente, Beatriz de la (coord.), *La pintura mural prehispánica en México. Teotihuacán*, vol. 1, t. I, 1995.

Garza, Mercedes de la, *El universo sagrado de la serpiente entre los mayas*, México, UNAM, 1984.

Gay, Carlo, *Chalcacingo*, Graz, Akademische Druck-U., 1971.

Gendrop, Paul y Doris Heyden, *Arquitectura mesoamericana*, Madrid, Aguilar, 1975.

Gillespie, Susan D., "Toltecs, Tula, and Chichén Itzá: The Development of an Archaeological Myth", Jeff Karl Kowalski y Cynthia Kristan-Graham (eds.), *Twin Tollans. Chichén Itzá, Tula, and the Epiclassic to Early Postclassic Mesoamerican World*, Washington, D. C., Dumbarton Oaks, 2007, pp. 85-127.

Grove, David C., *Ancient Chalcatzingo*, Austin, University of Texas, 1987.

Jiménez García, Elizabeth, *Iconografía de Tula. El caso de la escultura*, México, INAH, 1998.

__________, *Catálogo escultórico-iconográfico de Tula, Hidalgo. Sus imágenes en piedra*, México, FAMSI, 2008, disponible en «http://www.famsi.org/reports/07027es/07027JimenezGarcia01.pdf».

Kingsborough, Lord, *Antigüedades de México*, México, SHCP, vol. 3, 1964.

Kristan-Graham, Cynthia, *Art, Rulership and the Mesoamerican Body Politic at Tula and Chichen Itza*, tesis de doctorado, Los Ángeles, University of California, 1989.

López Austin, Alfredo, Leonardo López Luján y Saburo Sugiyama, "El templo de Quetzalcóatl en Teotihuacán. Su posible significado ideológico", *Anales del Instituto de Investigaciones Estéticas*, vol. 62, México, UNAM, 1991, pp. 35-52.

López Luján, Leonardo, Robert H. Cobean y Alba Guadalupe Mastache, *Xochicalco y Tula*, México, Conaculta/Jaca Book, 1995.

Lowe, Gareth W., *Mesoamérica olmeca: diez preguntas*, México, INAH/UNAM, 1998.

Mastache, Alba Guadalupe, Robert H. Cobean y D. M. Healan, *Ancient Tollan. Tula and the Toltec Heartland*, Boulder, University Press of Colorado, 2002.

Miller, Arthur, *The Mural Painting of Teotihuacan*, Washington, D. C., Dumbarton Oaks, 1973.

Nicholson, Henry B., "Religion in Pre-Hispanic Central Mexico", *Handbook of Middle American Indians*, vol. 10, Archaeology of Northern Mesoamerica, part 1, Austin, The University of Texas, 1971, pp. 395-445.

__________, "The Deity 9 Wind Ehecatl Quetzalcoatl in the Mixteca pictorials", *Journal of Latin American Lore*, vol. 4, núm. 1, 1978, pp. 61-92.

__________, "Ehecatl Quetzalcoatl vs Topiltzin Quetzalcoatl of Tollan. A problem in Mesoamerican Religion and History", *Proceedings of the International Congress of Americanists*, Paris 1976, París, Société des américanistes, 1979.

__________, "The Iconography of the Feathered Serpent in Late Post-classic Central Mexico", David Carrasco, Lindsay Jones y Scott Sessions (eds.), *Mesoamerica's Classic Heritage: From Teotihuacan to the Aztecs*, Boulder, University of Colorado, 2000, pp. 145-164.

__________, *Topiltzin Quetzalcoatl. The Once and Future Lord of the Toltecs*, Boulder, University of Colorado, 2001.

Nicholson, Henry B. y Eloise Quiñones Keber (eds.), *Art of Aztec Mexico. Treasures of Tenochtitlan*, Washington, D. C., National Gallery of Art, 1983.

Pasztory, Esther, *The Murals of Tepantitla, Teotihuacan*, Nueva York, Garland Publishing, 1976.

__________, *Aztec Arts*, Nueva York, Abrams, 1983.

__________, *Teotihuacan: An Experiment in Living*, Norman, University of Oklahoma Press, 1997.

Poesía náhuatl, Cantares mexicanos, Manuscrito de la Biblioteca Nacional de México, Ángel María Garibay (paleografía, versión y notas), México, UNAM, 1968.

Quiñones Keber, Eloise, "The Aztec Image of Topiltzin Quetzalcoatl", Kathryn Josserand y Karen Dakin (comps.), *Smoke and Mist. Mesoamerican Studies in Memory of Thelma D. Sullivan*, Oxford, BAR, 1988.

__________, "Quetzalcoatl as a Dynastic Patron: The 'Acuecuexatl Stone' Reconsidered", Jacqueline Durand de Forest y Marc Erisinger (comps.), *The Symbolism in the Plastic and Pictorial Representations of Ancient Mexico*, Bonn, Estudios Americanistas de Bonn, 1993.

__________, "Quetzalcóatl, patrono dinástico mexica", *Arqueología Mexicana*, núm. 53, vol. 9, México, Raíces, 2002, pp. 46-49.

Reilly III, F. Kent, "Art, Ritual, and Rulership in the Olmec World", *The Olmec World. Ritual and Rulership*, Princeton, The Art Museum/Princeton University, 1995, pp. 27-67.

"Relación de la genealogía y linaje de los Señores que han señoreado esta tierra de la Nueva España [...] Escrebimos por mandado de nuestro perlado, a ruego e intercesión de Juan Cano, español, marido de doña Isabel, hija de Montezuma...", Joaquín García Icazbalceta (ed.), *Nueva colección de documentos originales para la historia de México*, México, Editorial Salvador Chávez Hayhoe, 1941.

Sáenz, César A. y Augusto Sáenz Vargas, *Quetzalcóatl*, México, INAH, 1962.

Sahagún, fray Bernardino de, *Primeros memoriales*, Thelma Sullivan (paleografía y trad.), Norman, University of Oklahoma, 1997.

__________, *Historia General de las Cosas de la Nueva España*, Alfredo López Austin y Josefina García Quintana (estudio introductorio, paleografía, glosario y notas), 3 vols., México, Conaculta, 2000.

Séjourné, Laurette, *Un palacio en la ciudad de los dioses*, México, INAH, 1959.

__________, *El universo de Quetzalcóatl*, México, FCE, 1962.

__________, *Teotihuacan. Capital de los toltecas*, México, Siglo XXI, 1994.

Smith, Virginia, "The Iconography of Power at Xochicalco: The Pyramid of the Plumed Serpents", Kenneth G. Hirth (ed.), *Archaeological Research at Xochicalco*, vol. 2, Salt Lake City, University of Utah Press, 2000, pp. 57-82.

Sugiyama, Saburo, "Teotihuacan as an Origin for Postclassic Feathered Serpent", David Carrasco, Lindsay Jones y Scott Sessions (eds.), *Mesoamerica's Classic Heritage: From Teotihuacan to the Aztecs*, Boulder, University of Colorado, 2000, pp. 117-143.

Taube, Karl, "The Temple of Quetzalcoatl and the Cult of Sacred War at Teotihuacan", en *RES. Anthropology and Aesthetics*, núm. 21, 1992, pp. 53-87.

______, "La Serpiente Emplumada en Teotihuacán", *Arqueología Mexicana*, núm. 85, vol. 9, México, Raíces, 2002, pp. 34-61.

Tena, Rafael (paleografía y trad.), *Mitos e historias de los antiguos nahuas*, México, Conaculta, 2002.

Torre, Mario de la (ed.), *Adela Breton. Una artista británica en México, 1894-1908*, México, Smurfit Cartón y Papel de México, 1993.

Tula, Pachuca, Gobierno del Estado De Hidalgo, 1982.

Umberger, Emily, "Antiques Revivals and References to the Past in Aztec Art", *RES. Anthropology and Aesthetics*, núm. 13, Massachusetts, Peabody Museum of Archaeology and Ethnology/Harvard University Art Museums, 1987, pp. 62-105.

Zantwijk, Rudolf van, "Quetzalcóatl y Huémac, mito y realidad azteca", Edmundo Magaña y Peter Mason (eds.), *Myth and the imaginary in the New World*, Ámsterdam, CEDLA, 1985, pp. 321-358.

Vida y hazañas de 8 Venado, Garra de Jaguar

Anders, Ferdinand y Nancy P. Troike (eds.), *Codex Zouche-Nuttall*, Graz, Akademische Druck-U, 1967.

Anders, Ferdinand, Maarten Jansen y Gabina Aurora Pérez Jiménez, *Crónica mixteca. El rey 8 Venado, Garra de Jaguar y la dinastía de Teozacualco-Zaachila. Libro explicativo del llamado Códice Zouche-Nuttall*, México, FCE, 1992.

Burgoa, Francisco, *Palestra Historial*, México, Talleres Gráficos de la Nación, 1934.

Byland, Bruce E. y John M. D. Pohl, *In the Realm of Eight Deer. The Archaeology of the Mixtec Codices*, Norman, The University of Oklahoma, 1994.

Caso, Alfonso, *Interpretation of the Codex Bodley 2858*, Ruth Morales (trad.) y John Paddock (revisión), México, Sociedad Mexicana de Antropología, 1960.

Códice Nuttall. Lado 1: La vida de 8 Venado, Manuel A. Hermann Lejarazu, (estudio introductorio e interpretación de láminas), *Arqueología Mexicana*, edición especial, México, Raíces, 2006.

Códice Nuttall. Lado 2: La Historia de Tilantongo y Teozacualco, Manuel A. Hermann Lejarazu, (estudio introductorio e interpretación de láminas), *Arqueología Mexicana*, edición especial, México, Raíces, 2008.

Cooper, Clark J., *The Story of "Eight Deer" in Codex Colombino*, Londres, Taylor and Francis, 1912.

Hermann Lejarazu, Manuel A. (ed.), *Códice Colombino. Una nueva interpretación de un antiguo gobernante*, México, INAH, 2011.

______, "Códices Colombino y Becker I. La historia de los señores 8 Venado y 4 Viento", *Arqueología Mexicana*, Especial 74, México, Raíces, 2017, pp. 8-12.

______, *Configuraciones territoriales en la Mixteca. Vol. III, Yucu Tnúú-Tilantongo. La fundación de un señorío prehispánico mixteco*, México, Casa Chata-CIESAS, 2017.

Jansen, Maarten, "Los señoríos de Ñuu Dzaui y la expansión tolteca", *Revista Española de Antropología Americana*, vol. 36, núm. 2, Madrid, Universidad Complutense de Madrid, 2006, pp. 175-208.

Jansen, Maarten y Gabina Aurora Pérez Jiménez, *Codex Bodley*, Oxford, University of Oxford, 2005.

Lind, Michael, "Arqueología de la Mixteca", *Desacatos*, núm. 27, mayo-agosto, 2008, pp. 13-32.

Marcus, Joyce, *Mesoamerican Writing Systems. Propaganda, Myth, and History in Four Ancient Civilizations*, Princeton, Princeton University Press, 1993.

Pohl, John M. D., *The Politics of Symbolism in the Mixtec Codices*, vol. 46, Nashville, Vanderbilt University, 1944.

______, "Mexican Codices, Maps, and Lienzos as Social Contracts", Elizabeth Hill Boone y W. Mignolo (eds.), *Writing without Words.*

Alternative Literacies in Mesoamerica and the Andes, Durham, Duke University, 1994, pp. 137-160.

__________, "Creation Stories, Hero Cults, and Alliance Building. Confederacies of Central and Southern Mexico", Michael E. Smith y Frances F. Berdan (eds.), *The Postclassic Mesoamerican World*, Salt Lake City, University of Utah, 2003, pp. 61-66.

Smith, Mary Elizabeth, *Picture Writing from Ancient Southern Mexico: Mixtec Place Signs and Maps*, Norman, The University of Oklahoma, 1973.

Esta obra se terminó de imprimir
en el mes de octubre de 2025,
en los talleres de Diversidad Gráfica S.A. de C.V.
Ciudad de México